D1586111

Cysgod Tryweryn

Owain Williams

Golygwyd gan
EIRUG WYN

Cyhoeddwyd yn wreiddiol gan Siop y Pentan,
Caernarfon, Awst 1979.

Argraffiad newydd: Tachwedd 1995

ⓗ Owain Williams

Ni chaniateir defnyddio unrhyw ran/rannau
o'r llyfr hwn mewn unrhyw fodd
(ac eithrio i ddiben adolygu)
heb ganiatâd perchennog yr hawlfraint
yn gyntaf.

Rhif Llyfr Safonol Rhyngwladol:
0-86381-356-9

Clawr: Anne Lloyd Morris

Argraffwyd a chyhoeddwyd gan Wasg Carreg Gwalch,
Iard yr Orsaf, Llanrwst, Gwynedd.
☎ (01492) 642031

Diolch i Eirug Wyn am bob cymorth
a chydweithrediad.

Cynnwys

Rhagair

Aeth bron i ddeng mlynedd ar hugain heibio ers i mi, Emyr Llywelyn a John Albert Jones weithredu yn Nhryweryn. Mae hynna'n gyfnod maith, ac fe fu yna lawer o newidiadau yn ein bywydau ni, yn ogystal ac yng Nghymru yn ystod y blynyddoedd yma.

Gweithred wleidyddol oedd boddi Tryweryn a gweithred wleidyddol oedd ei fomio. Mae'n eironig, ddeng mlynedd ar hugain yn ddiweddarach, fod y llygedyn o obaith sydd yna i Gymru yn dod o gyfeiriad y Blaid Lafur a'r 'senedd' arfaethedig yng Nghaerdydd.

Pan soniwyd am godi lefel y dŵr yn Nhryweryn mi ddywedais yr adeg honno nad oeddwn i'n credu y byddai'r ewyllys gan y Cymry i wrthsefyll unrhyw fygythiad. Rydw i'n dal i gredu hynny.

Dydi Cymru ddim yn genedl o weithredwyr. Mae'n genedl dda am ymladd — fel arfer ymysg ei gilydd neu ym myddinoedd gwledydd eraill, ond mae yna rhyw gymhlethdod dwfn yn seicoleg y Cymro sy'n nacáu iddo weithredu dros ei wlad mewn unrhyw fodd ar wahân i fygwth gyda geiriau.

Rydw i'n dal i gofio'r effaith gafodd ein gweithred ni ar y Cymry. Roedd yna garfanau yn gresynu gydag arswyd a gwae fod y fath fileindra wedi digwydd yn enw Cymru! Ac fe ddeuai'r feirniadaeth o du arweinwyr tinau fflat Plaid Cymru. Roedd gennym gefnogaeth gref ar lawr gwlad, a'r trueni ydi fod arweinwyr y Blaid y pryd hwnnw yn poeni fwy am ddyfodol Plaid Cymru, yn hytrach nag am Gymru. Ac i raddau dydi hi ddim wedi newid.

Mi fûm i'n ymhel â gwleidyddiaeth yn lleol ers bron i ddegawd — yn sefyll fel Cenedlaetholwr Annibynnol yn fy milltir sgwâr. Siom bersonol i mi yw'r modd y mae Plaid Cymru wedi ceisio cael gwared arna' i drwy roi aelodau i sefyll yn fy erbyn, a chael yr aelod seneddol lleol i siarad a chanfasio ar eu rhan. Araf iawn ydi'r Blaid i ddysgu — mi gafodd gweir bob tro!

Aeth rhai o'i harweinwyr mor bell â gofyn i mi sefyll yn enw'r Blaid! Fyddai hynny ddim yn hawdd a minnau wedi cael fy niarddel ohoni yn 1968 am feirniadu Gwynfor Evans, ond os nad ydi fy nghredinedd i fel Cenedlaetholwr yn ddigon da i'r Blaid ar ôl wyth mlynedd a hanner o gynrychioli pobl Dwyfor ar y Cyngor yna naw wfft iddi.

Rydw i wedi ceisio cadw'n glòs at fy egwyddorion erioed, ac ers gweithred Tryweryn rydw i wedi bod yn gysylltiedig ac amryw o ddigwyddiadau a Ralïau Cenedlaethol.

Bûm ynglŷn â threfnu Rali yn 1982 i goffáu Llywelyn a hefyd Rali fawr Penyberth yn 1986 lle dadorchuddiwyd coflech i gofio'r Tri. Trefnwyd rali o genedlaetholdeb ar lannau Llyn Celyn, a bûm ynglŷn â threfniadau Rali Flynyddol Abergele o'r dechrau un. Bûm hefyd yn amlwg ym mudiad y Cyfamodwyr, un o'r ychydig fudiadau Cymreig erioed, lle'r oedd iddo aelodau o blith gwerin gwlad a dosbarth gweithiol — nid y dosbarth canol sâff.

Mi fûm hefyd yn ddigymrodedd fy meirniadaeth o Lord Ellis Thomas neu Dafydd Êl — gŵr y mae cenedlaetholdeb yn anathema iddo. Pan oedd o yn arwain y mudiad cenedlaethol i gyfeiriad y *looney-left*, nid yn unig bu'n fethiant truenus, ond fe gollodd lawer iawn o gefnogaeth draddodiadol y Cymry cynhenid, ac erbyn hyn mae o'n daclus-gartrefol hefo'r Lordiaid a'r Torïaid Seisnig ac wedi dangos ei wir liwiau.

Os llwyddais i i wneud rhywbeth yn ystod y deng mlynedd ar hugain olaf hyn, mi hoffwn feddwl i mi gadw'n driw i fy ngweledigaeth am Gymru, a cheisio llywio'r mudiad cenedlaethol tuag at ei hegwyddorion sylfaenol.

Owain Williams
Tachwedd 1995

Hau'r Syniad

Y tro cyntaf i mi weld Cwm Tryweryn yn sir Feirionnydd oedd ar ddiwrnod braf o haf yn 1960. Roeddwn i newydd ddychwelyd o Vancouver yng Nghanada, lle bûm i ac Irene y wraig, a'r plant, Eirona a Griffith yn byw. Tra oeddwn i yno, roeddwn i wedi bod yn gweithio ar ransh ar ynys fechan, ac fel labrwr mewn warws ac ar safleoedd adeiladu. Wedi dychwelyd i Gymru, penderfynais agor caffi ym Mhwllheli.

Dydd Sul oedd hi, a chan fod y caffi wedi cau am y dydd, roeddwn i'n dreifio o gyfeiriad Ffestiniog drwy filltir ar ôl milltir o weundir unig. Yn sydyn, wrth fynd rownd cornel go siarp, newidiodd ansawdd y tir. Wrth ddisgyn i ddyffryn gwyrddlas Capel Celyn, gallwn weld ffermydd yn ddotiau bychain yma ac acw, a Phentre Celyn yn cysgodi yn ei gwr ucha, ac afon Tryweryn yn y cefndir yn ymdroelli'n ddiog drwy'r dyffryn i gyfeiriad y Bala. Uwchben roedd mynydd anferthol yr Arenig, ac wrth ei droed Chwarel yr Arenig, chwarel wenithfaen fechan.

Roedd hi'n anhygoel credu y byddai'r cyfan yma yn diflannu am byth o dan y dyfroedd oer. Wrth ddreifio drwy'r pentre, ni ddywedyd gair, ond gwyddai Irene a minnau feddyliau ein gilydd. Mi rydw i wrth reddf yn berson sentimental — ond wedyn mae'r rhan fwyaf o Gymry felly yntydyn? Roedd rhywbeth anarferol ynglŷn ag awyrgylch y lle y bore hwn. Gallwn weld

9

hynny wrth syllu i fyw llygaid rhai o'r trigolion. Roedd fel petai marwolaeth ei hun yn cropian yn araf i fyny'r dyffryn.

Cysgodai ambell i ffermdy ynghanol clwstwr o goed. Roedd un ffermdy, o'r enw Hafod Fadog, yn chwe chan mlwydd oed, a'r teulu wedi byw yno ers ei adéiladu. Roedd rhesi ar resi o gaeau yn llawn gwair newydd ei ladd, a'r arogl hyfryd yn llenwi ffroenau dyn. Heddiw roedd peiriannau'r ffermydd yn segur — er bod y gwair yn barod i'w gario, ac er y gallai trannoeth ddwyn glaw a llifogydd, doedd dim gwaith i fod. 'A'r seithfed dydd yw Sabath yr Arglwydd dy Dduw, na wna ynddo ddim gwaith . . . ' Dyna ddywed y Beibl, ac ni ellid dod o hyd i gymdeithas yn unlle lle'r oedd ystyr ddyfnach i'r geiriau hynny na chymdeithas Cwm Tryweryn. Cymdeithas glòs Gymreig, a chaer fythol i'r Sul Cymreig. Cymdeithas amaethyddol yn bennaf yn troi o amgylch y capel. Afraid dweud mai Cymraeg oedd iaith y pedwar ugain o'r trigolion.

Dyma'r man y dewisodd Corfforaeth Lerpwl ei ddinistrio. Roedd penderfyniad y ddinas seisnig yn un dieflig. Gwario ugain miliwn o bunnoedd i godi argae anferth a fyddai'n boddi Cwm Tryweryn a Phentre Celyn am byth. Gorfodi ffermwyr i werthu eu heiddo o dan Ddeddf Gorfodaeth y Sais.

Ym mhen isa'r Cwm, roedd y gwaith wedi dechrau ar adeiladu ffordd newydd a fyddai'n amgylchynu'r llyn. Bu'n rhaid cerfio'r ffordd hon o'r mynyddoedd oedd oddi amgylch. Y ffordd hon oedd i gymryd lle yr hen ffordd oedd yn mynd drwy'r Cwm i lawr i'r Bala. Roedd honno i ddiflannu dan y dŵr.

Ar y prynhawn heulog hwnnw yn haf 1960, aeth nifer o bethau drwy fy meddwl. Roeddwn wedi clywed am dynged Tryweryn pan oeddwn yng Nghanada, gan fod Mam wedi bod yn anfon papurau Cymraeg drwy'r post i mi. Mae'n wir i mi feddwl am ddefnyddio grym i wrthwynebu'r cynllun mor bell yn ôl â hynny, a 'mod i hefyd wedi cymryd diddordeb mewn defnyddio ffrwydron fel modd i ddifrodi eiddo allweddol ar y safle. Ond y dydd Sul hwn, roeddwn i'n ymwybodol iawn o'r modd y methodd pob protest heddychlon. Roeddwn i'n wirioneddol amcanu defnyddio dulliau eraill. Roedd y Blaid yn amharod i ddangos ei dannedd yn wyneb y bygythiad, ac roedd ei hymddygiad yn bathetig. Does dim amheuaeth na fu i'r Blaid golli llawer o gydymdeimlad a chefnogaeth am nad oedd digon o asgwrn cefn gan ei harweinwyr. Er hynny, hi oedd yr unig blaid wleidyddol i geisio trefnu gwrthdystiad, er mor wan ac aneffeithiol oedd y gwrthdystiad hwnnw. Ond roedd ymddygiad Aelodau Seneddol Cymru yn waeth fyth. Cachgwn a bradwyr hunanol oeddynt oll. Nid oedd gan yr un ohonynt yr asgwrn cefn i ymddiswyddo er bod y beiddgarwch gan ambell un i fynychu'r gwasanaeth olaf hwnnw a fu yng Nghapel Celyn, tra oedd Emyr Llew a minnau yn pydru mewn carchar seisnig. Roedd darllen am y cachwrs yma yn gwneud i fy stumog droi yn y carchar. I mi, gimic i hel pleidleisiau oedd y cyfan — doedd yna ddim ddidwylledd yn perthyn i'r un ohonyn nhw.

Ers blynyddoedd lawer, roeddwn i wedi bod yn ymwybodol o'r teimlad cryf yma o fod yn Gymro, ac fel roeddwn i'n tyfu, fe dyfai'r teimlad yma hefyd. I ddeall hyn yn llawn, gwell fyddai i mi egluro ychydig am ddyddiau bore oes, a'm magwraeth.

Cefais fy ngeni yr ieuengaf o bedwar o feibion, ar fferm ganolig ar Benrhyn Llŷn. Roedd y fferm yn rhan o

11

stâd anferth yn yr ardal, ac roedd fy nhad yn denant i'r stâd. Fel y mwyafrif o ffermwyr Cymru bryd hynny, doedd o ddim yn berchen tir. Roedd ffermio yn y dyddiau hynny, ynghanol y tridegau, yn waith anodd ac ansicr iawn. Roedd anwadalrwydd prisiau yn medru gwneud bywyd ffermwr, yn enwedig tenant, yn un caled. Byddai prisiau yn uchel un diwrnod, yna disgyn i'r gwaelod isaf drannoeth. Roedd y teulu, fel aml i deulu arall, yn cael ei wasgu gan y sefyllfa economaidd. Ond er ein bod yn dlawd, ni fu raid i ni'r plant wneud heb ddim, er y bu raid i'n rhieni aberthu llawer er ein mwyn. Byddai fy rhieni, yn enwedig fy mam, yn dweud yn aml mor galed y bu hi arnyn nhw i gael deupen llinyn ynghyd. Cafodd hyn effaith ddofn arnaf, a gwnaeth i mi sylweddoli yn o fuan lle mor anwadal oedd y byd y cefais fy nwyn iddo. Dangosodd i mi hefyd fod yna ddau fath o bobl yn y byd — y rhai sydd yn meddu, a'r rhai nad ydynt yn meddu. A chymryd ein cymdeithas ni, Saeson oedd y math cyntaf o bobl, a'r Cymry oedd yr ail fath. Yn ddiweddarach, pan symudodd fy rhieni i fferm arall ger Nefyn (oedd eto yn rhan o stâd fawr) daeth yn eglur i mi mai'r rhai oedd yn berchen tir a cheir ac yn y blaen oedd y Saeson. O leia, felly yr ymddangosai i mi ar y pryd.

Y mae un digwyddiad yn aros yn glir yn fy ngof. Rhyw saith oed oeddwn i ar y pryd. Roedd y landlord yn dod draw ar ei ymweliad blynyddol i gasglu'r rhent ac i sgwrsio â'i denantiaid. Pan ddaeth i'r drws cyfarchodd fy nhad ef a diosg ei gap. Gwnaeth hyn i mi deimlo yn uffernol. Roedd rhywbeth o'i le os oedd yn rhaid i 'Nhad, oedd i mi y boi gora'n y byd, orfod tynnu ei gap i ryw fforenar uffar nad oedd hyd yn oed yn siarad yr un iaith â ni. Roeddwn i'n teimlo fel hitio neu gicio'r Sais, ond chwarae teg i Gel, yr hen gi defaid, fe aeth o at y Sais a phiso ar ei blysffôrs pan oedd o'n edrych i gyfeiriad arall! Rydw i'n cofio'r bodlonrwydd mawr a roddodd hyn i mi, ac fel gwerthfawrogiad o'i weithred rhoddais grystyn anferth i'r hen gi.

Un peth arall na hoffais am y Saeson yma oedd yn berchen tir, oedd eu hymweliad blynyddol amser y 'shoot'. Iddyn nhw, roedd hwn yn ddiwrnod mawr. Byddai fy mam yn gwneud te yn y rŵm ffrynt, a gellid clywed eu chwerthin hyll yn diasbedain drwy'r tŷ. Yn ystod y 'shoot', disgwylid i rywun o'r fferm fynd i ysgwyd y perthi i godi'r adar. Weithiau âi fy mrodyr hŷn, ond es i ddim erioed, oherwydd roedd llawer o ddigwyddiadau tebyg wedi creu casineb ynof at y dosbarth yma sy'n dal hyd heddiw. Y mae yna eithriadau wrth gwrs.

Roedd fy nhad yn dweud nad oedd ein landlord hanner mor gas ag oeddwn i yn ei gredu. Mae'n debyg i mi gael argraff ddrwg ohono ar sail un neu ddau ddigwyddiad, ond does gen i ddim amheuaeth o gwbl i'r argraffiadau hynny fod yn ddylanwad mawr i ffurfio fy naliadau gwleidyddol.

Roedd gwleidyddiaeth wedi apelio ataf pan oeddwn yn ifanc iawn, yn bennaf am fy mod yn ddarllenwr. Doedd dim plant yn y cyffiniau i chwarae â nhw am fod ein tŷ ni mewn lle mor anghysbell. Roeddwn i'n darllen pob llyfr Cymraeg y cawn afael arno, fedrwn i ddim darllen Saesneg beth bynnag. Y llyfrau yr hoffwn fwyaf oedd y rheini oedd yn darlunio hanes enwogion Cymru, yn arweinwyr, yn wladgarwyr ac yn arwyr. Roedd gen i un llyfr a oedd yn ffefryn mawr: llyfr am hanes Owain Glyndŵr. Darllenais y llyfr ddegau o weithiau. Mae'n ddigon tebyg fy mod wedi cysylltu landlord fy nhad â hen Arglwyddi Seisnig y Gororau a fu'n dwyn tiroedd Cymru — gan gynnwys rhai Glyndŵr.

Pedair oed oeddwn i pan dorrodd yr Ail Ryfel Byd, ac yn sgil y Rhyfel daeth llewyrch i nifer o ffermydd. Fel y deuai rhagor o bres i'r tŷ, dechreuodd pethau newydd ddod i'w canlyn yn lle yr hen bethau — tractorau yn lle ceffylau er enghraifft. Pan oeddwn i'n naw oed fe gawsom gar. Rydw i'n cofio hyn yn iawn. Roedd fy mam wedi bod yn cadw ymwelwyr dros yr haf i geisio ennill rhagor o bres, ac wedi hel can punt. Rydw i'n cofio meddwl wrthyf fy hun: 'Can punt! — am lot o bres.'

Drwy lafur caled ar ran 'Nhad a Mam a 'mrodyr, daeth yn well byd arnom. Roedd pethau'n dal yn weddol brin am fod yn rhaid rhoi'r rhan fwyaf o'r pres yn ôl i'r tir. Nid oedd fy rhieni, oedd wedi arfer â chaledi, yn mynd i wario'n ofer. Dim ond angenrheidiau a brynent. Y car oedd yr unig foethusrwydd a feddem.

Un peth â'm gwylltiai yn ddiweddarach oedd bod plant eraill yn gwisgo'n wahanol i mi. Esgidiau fyddai ganddyn nhw, tra byddwn i'n gwisgo esgidiau hoelion mawr a sanau gwlân. Dwi'n cofio fel y byddwn yn protestio am imi orfod gwisgo geriach mor werinol. Yr ateb yn ddieithriad fyddai, eu bod yn llawer mwy defnyddiol ac ymarferol na hen esgidiau cardbord. Hyd yn oed yn Ysgol Ramadeg Pwllheli, roeddwn yn dal i wisgo'r esgidiau hoelion mawr, a fi oedd y diwetha yn y dosbarth i gael trowsus llaes. Oherwydd hyn a dim profiad o gymysgu hefo pobl, datblygais yn berson swil iawn. Gwaethygodd hynny gydag amser, er na chyfaddefais wrth neb cyn hyn.

Wedi gadael yr ysgol, arhosodd y swildod gyda mi.

14

Bu bron iddo fynd yn drech na mi. Yn ystod y cyfnod yma roeddwn yn gweithio i 'Nhad ar y fferm. Cynyddai fy niddordeb mewn llyfrau, yn enwedig llyfrau politicaidd. Mi fyddwn i adre efo fy llyfrau pan fyddai hogiau eraill allan yn yfed neu yn codi genod. Fyddwn i byth yn mynd allan, ac yn sydyn sylweddolais fod fy ffrindiau i gyd wedi mynd.

Pan oeddwn yn ddwy ar bymtheg, dysgais ddreifio. Bu hyn yn help garw i mi. Mae dynion yn gwneud pethau gwirion i dynnu sylw atynt eu hunain, a'r hyn wnes i oedd dysgu dreifio yn gyflym. Ymhen mis neu ddau, roeddwn i'n cael fy ystyried fel y dyn cyflyma ar bedair olwyn yn y rhan yma o'r byd, a byddai aml i un, yn hogiau a genod yn gofyn am reid yn y car i weld pa mor gyflym y gallwn fynd.

Peth dros dro oedd hyn fodd bynnag, ac ar ôl cyfarfod fy narpar wraig, diflannodd y swildod, a choncrais innau yr holl ofnau anweledig oedd wedi gafael gymaint ynof.

Ond yn ôl â ni i'r Sul tesog hwnnw yng Nghwm Tryweryn. Wrth edrych ar hyd a lled y Cwm, allwn i ddim yngan gair. 'Ddywedodd yr un ohonom ni air nes i ni gychwyn ar ein taith am y Bala. Cofiaf Irene yn dweud ei bod yn bechod dinistrio'r fath le, a gwyddwn ei bod yn ei feddwl o waelod ei chalon. Er ei bod wedi ei magu yn Lloegr, roedd hi yn caru Cymru cymaint â minnau. Y cyfan a ddywedais ar y pryd oedd y dylai pob ci o Sais gael ei saethu!

Y dydd hwnnw, ail-daniwyd y tân yn fy mynwes. Roedd y syniad o wrthwynebu'r argae waeth beth fyddai'r gost wedi cydio ynof. Roedd gen i ychydig o wybodaeth am ffrwydron. Mi fûm yn ymhél â nhw wrth weithio yng Nghanada, ond nid oedd yr wybodaeth

15

honno yn ddigonol o bell ffordd. Byddai'n rhaid cynnal arbrawf ymarferol. Llithrodd y misoedd heibio, a blinais ddisgwyl i eraill weithredu. Yn dawel a chyfrinachol, dechreuais gynllunio. Gwneuthum gynlluniau manwl o'r tir a'r ardal oddi amgylch, y priffyrdd a'r llwybrau troed, pob tŷ a thwlc a allai fod o gymorth i lochesu rhag y tywydd — neu'r Gestapo.

Chwilio am Ffrwydron

Ar wahân i archwilio Cwm Tryweryn yn fanwl, roeddwn i wedi bod yn chwilio yn ddyfal hefyd am ffrwydron. Bûm yn edrych yn bennaf ar y chwareli gwenithfaen oedd ar hyd a lled yr ardal. Fy newis terfynol oedd chwarel fechan, ychydig filltiroedd o'm hen gartref ym Mhistyll — Chwarel Cae Nant. Dewisais hon am ei bod filltiroedd o unman, ac am nad oedd tŷ yn agos iddi. Hyd yn hyn nid oeddwn wedi taro ar unrhyw un y tybiwn y gallwn ymddiried digon ynddo i'm helpu. Dewisais yr ail wythnos o Hydref — sef Gŵyl Ddiolchgarwch — fel yr amser i gasglu'r nwyddau ffrwydrol o'r chwarel.

Yn y cyfamser, digwyddodd rhywbeth cyffrous iawn. Diwedd haf 1962 oedd hi. Roedd dau ddyn wedi teithio o gymoedd sir Fynwy i Dryweryn, ac wedi ymosod ar y transfformer a gynhyrchai drydan i'r safle. Roedden nhw wedi rhyddhau falf ar y peiriant anferth hwnnw, a thrwy hynny ollwng cannoedd o alwyni o olew ohono. Roedd colli'r olew yn golygu y byddai'r transfformer yn gor-dwymo a, gobeithio, yn ei chwythu'i hun yn yfflon. Wedi agor y falf, dechreuodd y ddau Dai, Pritchard a Walters, ar eu ffordd yn ôl adref. Yn anffodus y car cyntaf a welsant oedd un yr heddlu. O weld dau ddieithryn o gwmpas y safle yr adeg honno o'r nos, aethpwyd â nhw ar eu hunion i swyddfa'r heddlu yn y Bala i'w holi.

Ceisiodd y ddau osgoi dweud iddyn nhw beri difrod ar y safle, gan roi'r esgus eu bod wedi mynd yno gyda'r bwriad o ddwyn rhai arfau. Y rheswm am hyn oedd y cymerai tua deng awr i'r olew wagio o'r transffomer. Lladd amser oedd eu bwriad drwy ddweud celwydd. Ar y dechrau derbyniwyd eu stori, ond yn y diwedd penderfynodd yr heddlu archwilio'r safle rhag ofn. Gwelwyd yr olew yn gollwng, ac yn anffodus, arbedwyd y transffomer. Cyhuddwyd y ddau ohonyn nhw, a'u hanfon i garchar yr Amwythig i ddisgwyl dyddiad eu prawf. Ymhen un dydd ar ddeg dygwyd hwy yn ôl i'r Bala i sefyll eu prawf. Cafwyd hwy yn euog, ac fe'u dirwywyd gan punt yr un. Talwyd eu dirwyon yn syth gan genedlaetholwyr, ac roedd tyrfa dda o gefnogwyr wedi dod i'r llys i ddangos cefnogaeth i'r weithred.

Bu clywed am hyn yn galondid mawr i mi, a phenderfynais, os gallai dau ŵr ifanc di-Gymraeg o dde Cymru weithredu fel hyn, yna dylai rhywun yn nes at Dryweryn weithredu hefyd.

Pan ddaeth dydd Diolchgarwch, roeddwn i'n barod i dorri i mewn i Chwarel Cae Nant. Roedd y gwaith wedi dirwyn i ben am hanner dydd ar y dydd Sadwrn, ac yn ailddechrau y dydd Mawrth canlynol. Yn anffodus, ar y dydd Sadwrn yma, torrodd fy nghar, ac nid oeddwn yn adnabod neb yn ddigon da i ofyn am fenthyg un yn ei le. Ond roeddwn wedi penderfynu mai y dydd Sadwrn yma y buaswn yn mynd i'r chwarel, hyd yn oed pe bai'n rhaid i mi gario'r cyfan ar fy nghefn! Pwy ddaeth i'r caffi y prynhawn hwnnw ond T---. Roeddwn wedi bod yn siarad am oriau gyda T--- am Gymru, a dyma finnau'n mentro gofyn iddo'r prynhawn hwnnw a fuasai'n dod gyda mi. Roedd yn awyddus iawn, ac i ddechrau cynigiodd ein bod yn mynd yno ar gefn ei foto-beic (!), ond wedi i mi egluro iddo na allem gario ffrwydron yn hawdd iawn ar gefn moto-beic, dywedodd ei fod yn adnabod gŵr a oedd yn berchen car, ac y buasai'n siŵr o fod yn fodlon dod hefo ni. Aeth o'r caffi, a dychwelodd ymhen ychydig gyda M---.

'Popeth yn iawn,' meddai.

Y noson honno aeth y tri ohonom i'r chwarel yng nghar M---. Roeddwn i am wneud yn siŵr fod M--- yn deall yn union beth oedd yn ei wneud, ac eglurais iddo oblygiadau gwleidyddol y weithred. Dywedais wrtho hefyd ei fod yn awr yn aelod o'r Mudiad, ac unwaith yr oedd wedi gweithredu ar ran y Mudiad nad oedd gobaith iddo facio allan wedyn. Pwysleisiais fod y Mudiad yn disgyblu bradwyr, ac os oedd o am dorri cysylltiad â'r Mudiad o gwbl, gwell oedd iddo wneud hynny cyn gweithredu. Dywedodd yntau:

'Rydw i eisiau gwneud rhywbeth dros Gymru. Rydw i hefo chi yr holl ffordd.'

Roeddwn i'n ddigon bodlon ar ei ateb, ac aethom yn ein blaenau am y chwarel. Roedd y ffordd yn gul a charegog, ac wedi sicrhau nad oedd neb o gwmpas, aethom yn ein blaenau yn araf heibio rhai o siediau y chwarel. Yn sydyn gwelais yr hyn y chwiliwn amdano. Adeilad bychan ar y chwith i mi, gyda'r geiriau *DANGER EXPLOSIVES* mewn llythrennau coch ar ei ochr. Hwn, heb amheuaeth, oedd stordy'r ffrwydron.

Gadawsom y car, ac aeth M--- ar ben to fflat oedd i'r adeilad i gadw gwyliadwriaeth, tra oedd T--- a minnau yn dyrnu'r ddôr anferth efo gordd a throsol. Buom wrthi'n dyrnu am bron i awr o amser, nes oedd y chwys yn byrlymu, ond ni symudodd y drws fodfedd. Roedd M--- ar bigau'r drain rhag ofn i rywun ein clywed, a daeth i lawr o ben y to.

19

'Dwi'n mynd â'r blydi car o'ma,' meddai. 'Mae rhywun yn siŵr o'n clywed.'

Gafaelais ynddo a dweud, 'Wyt ti, uffar! 'Dan ni wedi dechrau, a does 'na ddim troi'n ôl nes bydd y drws 'na yn gorad. Dos yn ôl i ben y to 'na.'

Ar ôl y digwyddiad yma, ailddechreuwyd dyrnu'r drws, ac yn sydyn dechreuodd sigo. Yna, disgynnodd oddi ar ei fachau. Aeth T--- i'r adeilad a dechreuodd weiddi a thaflu bocsys allan fel pe baent yn focsys matshys. Gwaeddais arno,

'Gwatsha be ti'n 'neud ne' mi chwythi di ni i gyd oddi ar wynab y ddaear 'ma!'

Bu'r tri ohonom yn edrych ar y bocsys am sbel, ac wedi sicrhau fod yna ddigon o amrywiaeth o ffrwydryddion, ffiwsus, ac ati, dechreuwyd llenwi'r car. Roedd T--- wedi taflu digon o focsys allan drwy'r drws i lenwi lorri wartheg, a bu'n rhaid gadael y rhan fwyaf o'r rhain ar ôl. Yna gwaeddodd T--- ei fod wedi dod o hyd i andros o focs mawr â'r gair *EXPLOSIVES* wedi ei sgwennu mewn llythrennau breision arno.

'Dyma fo'r jeli!' gwaeddodd yn fuddugoliaethus. Roeddem wedi sylweddoli erbyn hyn mai ffrwydron trydan oedd yn y rhan fwya o'r bocsys eraill. Heb feddwl am agor y bocs mawr i wneud yn siŵr mai jeli oedd ynddo, llwythwyd ef ar ei union i sedd gefn y car. Neidiais i'r car, ac eistedd ar ben y cyfan yr holl ffordd yn ôl i Bwllheli.

Cyraeddasom Bwllheli'n saff. Roedd y caffi'n dal ar agor, ac yn llawn am ei bod yn nos Sadwrn. Dadlwythwyd y bocs mawr, a'i gario drwy'r gegin i'r cwt cefn, lle cuddiwyd ef â chratiau o Pepsi Cola. Ni fuasai unrhyw un a âi i'r sied yn meddwl ddwywaith nad llond cwt o ddiod oedd yno. Wedi cuddio'r cyfan, aethom yn ein holau i'r caffi yn falch iawn o'n gweithred. Fel yr oeddem yn sgwrsio dros baned o goffi, dyma M--- yn newid ei liw yn sydyn, ac yn sibrwd ei fod wedi gadael ei set radio ar ôl yn y chwarel. Ar un llaw, gwyddwn mai ffolineb oedd mynd i'w nôl, ar y llaw arall, roedd yn fwy na thebyg y gallai'r plismyn olrhain y radio yn syth i M---. Allen ni'n tri ddim mynd yn ôl yn y car, rhag ofn i rywun weld y car gyda thri dyn yn mynd am y chwarel am yr ail waith y noson honno. Irene, y wraig, a gafodd y syniad yn y diwedd i mi guddio yng nghefn y car, tra oedd hi yn eistedd yn y tu blaen gyda M---. Peth naturiol oedd gweld cariadon yn dreifio hyd lonydd anghysbell ar nos Sadwrn.

Am yr ail dro y noson honno, cychwynnwyd am y chwarel. Cyraeddasom yn ddidrafferth, ac yn ffodus cawsom hyd i'r radio'n syth. Gollyngais ochenaid o ryddhad ar ôl ei chael ac ar y ffordd adref cawsom dipyn o hwyl am yr holl beth. Roedd popeth wedi digwydd yn hwylus yn y diwedd, ac roedd rhan gyntaf gweithred Tryweryn wedi ei chwblhau.

Ond roedd sioc yn fy nisgwyl pan agorais y bocs mawr. Yn lle bod yn llawn o jeli, doedd dim ynddo ond ffrwydron trydan. Pacedi a phacedi ohonynt. Rhaid bod tair neu bedair mil ohonynt i gyd. Wrth gwrs doedd dim angen mwy na rhyw ddwsin arnom i gyd, gan fod un neu ddau yn ddigon i adeiladu bom. Roeddwn i'n siomedig iawn ar y pryd, ac yn awyddus hefyd i symud yr holl offer o'r cwt cefn i rywle arall.

Gwyddwn am ffermwr oedd yn byw heb fod nepell oddi wrthyf, ac yn genedlaetholwr mawr, ond pan ffôniais i ofyn iddo gadw 'tipyn o stwff' yno am gyfnod o amser, esgusododd ei hun, gan ddweud ei fod ar fin mynd i ffwrdd i rywle, a phenderfynais mai'r peth gorau

21

fuasai chwilio am rywle addas fy hun. Clywais am hen blasty oedd tua chwe neu saith milltir o Bwllheli, ac ar ôl bod yno efo un o'r hogiau, penderfynwyd symud y cyfan yno.

Un peth digri a ddigwyddodd wrth symud y bocsys oedd i mi lwytho'r bocs mawr i fŵt fy nghar a'i gloi yno. Roedd y car wedi ei barcio yng nghefn y caffi yn Ffordd Caerdydd, Pwllheli, drws nesa i Swyddfa'r Post, ac roedd cefn y fynedfa yn dod allan i Ffordd Ala, dros y ffordd i Swyddfa'r Heddlu. Methais fynd â nghar allan am fod car arall yn blocio'r lôn. Roeddwn yn adnabod y car fel un oedd yn eiddo i un o uchel swyddogion yr heddlu, ac fel yr oeddwn yn ceisio meddwl beth i'w wneud, pwy ddaeth i nghyfarfod ond yr union swyddog oedd yn berchen ar y car. Gofynnais iddo:

'Fasa'n bosib i chi symud y car oddi ar ffordd?'

'Iawn Williams, mae'n ddrwg gen i os y gwnes i dy rwystro di.'

'O. Mae'n o cê. Wna' i adal i chi fynd am y tro yma efo rhybudd yn unig!'

Chwarddodd am hyn a symudodd ei gar. Er nad oedd o i wybod bod unrhyw beth o'i le, roedd rhywbeth yn chwerthinllyd iawn yn y sefyllfa. Roeddwn i wyneb yn wyneb â swyddog yr heddlu efo tair mil o ffrwydryddion yng nghefn y car!

Yn y diwedd, gyda help ffrind arall, symudwyd y ffrwydryddion i gyd i'r hen blasty. Cawsom hyd i gwt bychan yng nghornel perllan anferth, ac yno y rhoddwyd y cyfan. Mae'r lle yn eiddo i Sais heddiw, ac mae'n siŵr mai ychydig iawn a ŵyr ef am y rhan y chwaraeodd ei dŷ yng ngweithred Tryweryn.

Gadawyd y ffrwydryddion yno am rai wythnosau, ond symudwyd rhai ohonynt yn ddiweddarach i fannau eraill. Aed â llawer ohonynt i chwarel ger Llanbedrog. Yn y cyfamser, bu raid i mi aros i weld a allwn ddod o hyd i rywun gyda syniadau pendant fel mi fy hun. Roeddwn yn teimlo fod T--- ac M--- wedi gwneud eu rhan drwy gynorthwyo i gael y ffrwydryddion, ac roeddwn i'n argyhoeddedig na fuasai un o'r ddau yn medru wynebu cael eu holi gan yr heddlu. Yn wir, pe caent eu dal a'u restio, roeddwn i'n siŵr mai dweud y cyfan a wnâi'r ddau, ac nid oedd lle i rai felly yn y Mudiad yr oeddwn i am ei adeiladu.

Yr oedd un person, tua ugain mlwydd oed, yr oeddwn i'n ffrindiau ag o ar y pryd. Roedd John yn genedlaetholwr mawr, ac newydd adael Heddlu'r Awyrlu yn gorporal. Pan ddeuai adref am wyliau, byddai yn aros yn y fflat gyda ni weithiau, a thrwy'r cysylltiad yma, daethom yn ffrindiau mawr. Buom hefyd yn trin a thrafod llawer am wleidyddiaeth, ac am y sefyllfa yng Nghymru.

Wedi gadael yr Awyrlu, bu'n ddi-waith am beth amser, ac yn ystod y cyfnod yma y dechreuodd y ddau ohonom gynllunio. Y cam cyntaf oedd i ailddechrau yr holl waith o arolygu'r safle yn Nhryweryn, a hefyd nodi amser patrôls yr heddlu. Yn wir, roeddem am gasglu pob darn o wybodaeth a allai fod o unrhyw werth i ni.

23

Gwylio a Chynllunio

Trwy gydol aml i noson oer, rewllyd, bu'r ddau ohonom yn archwilio cywirdeb pob dernyn o wybodaeth a feddem. Nodwyd ac ailnodwyd nifer y gwarchodwyr nos, amseriad newid shifftiau, prydau bwyd, lleoliad cloddiau ac ati. Roedd y gwaith yn mynd yn ei flaen drwy'r dydd a'r nos, ar wahân i nos Sadwrn. Felly daethpwyd i'r canlyniad mai hon oedd y noson ddelfrydol i weithredu. Buom yn cerdded milltiroedd lawer ar hyd y mynyddoedd uwchlaw'r argae yn ystod y nosweithiau hyn, ac yn aml iawn tarai un ohonom ei droed mewn carreg, neu roi cam gwag i ryw dwll neu'i gilydd, ac erbyn cyrraedd nôl i'r lle cadwyd y car, roedd y ddau ohonom wedi ein parlysu bron gan oerfel. Aethom mor bell un noson â rhegi'r blydi Saeson am godi argae mewn lle mor wirion ac anodd ei chwythu i fyny!

Roedd hi'n olygfa fythgofiadwy edrych i lawr i'r dyffryn oddi tanom. Roedd y sêr yn disgleirio uwch ein pennau, a goleudai'r pentref a'r ffermdai wedi eu diffodd ers oriau. Ond tawelwch? Na, doedd dim tawelwch yn y rhan yma o'r Cwm. Roedd cannoedd o ddynion a pheiriannau yn anrheithio pridd cysegredig hen wlad fy nhadau. Roedd tractorau anferth a nafis wrth y cant yn dryllio a thorri a rhwygo'u ffordd ar hyd y Cwm. Gellid yn hawdd glywed lleisiau'r penaethiaid yn cyfarth eu gorchmynion, gan gynnwys lleisiau ambell i Sais brwnt ei dafod. Roedd y safle i gyd wedi ei oleuo â rhwydwaith o lifoleuadau. Roedd y lle mor olau â phe bai haul canol dydd yn taro arno'n barhaus ac roedd arogl anhyfryd y petrol a'r disel yn drwm drwy'r lle.

Ychydig wythnosau wedi'r holl wylio, bu'r ddau ohonom wrthi'n brysur iawn yn gwneud cynllun manwl o'r holl safle. Roedd pob peth posib a wyddem ar y cynllun yma. Ni allai'r cynllun fyth fod wedi ei gwblhau heb i John a minnau fentro llawer, a phe baem wedi ein dal ger, neu ar y safle, yna byddai ein holl drefniadau wedi mynd i'r gwellt. Un noson, arhosodd y ddau ohonom yn y car mewn arhosfa oedd yn union uwchben yr argae ei hun, ar y briffordd o'r Bala i Ffestiniog. Roeddem newydd orffen rhestru a chofnodi pontydd y buasem o bosib yn gorfod eu ffrwydro, fel yr ail ran o'n cynllun. Gan ei bod yn noson arbennig o oer, dechreuasom yfed coffi roedd Irene y wraig wedi ei baratoi i mi. A chan ei bod wedi pasio hanner nos, nid oeddem yn credu y buasai neb yn dod y ffordd honno, yn enwedig gan ei bod yn ychydig ddyddiau cyn Nadolig 1962. Ar y pryd, roeddwn i'n berchen car deuliw, *Ford Customline*, model Americanaidd, ac roedd yn gar oedd yn tynnu sylw a dweud y lleiaf. Yn sydyn gwelsom olau car yn dod. Heb aros i feddwl, gafaelais am John gydag un fraich, a dweud wrtho yntau am afael ynof finnau. Sgidiodd y car o'n blaenau ac aros, yna trodd yn ôl i gyfeiriad y Bala. Roeddem bron yn sicr mai plismyn oeddynt, ac roedd John yn barod i fynd ar ei lw iddo weld botymau ysgwydd lifrai yn sgleinio. I wneud yn siŵr, cychwynnais y car, a dechrau ei ddilyn. Roeddem ar brydiau yn teithio 80 milltir yr awr, yn ein hymgais i'w ddal, a deliais ef ger pentref y Fron-goch. Gan ei bod yn

25

noson olau leuad, diffoddais olau'r car, a chlosio at y car a âi o'n blaenau ar yr un pryd. Pan ddaethom yn agos ato, roedd hi'n amlwg mai plisman ydoedd. Rhoddais y golau llawn ymlaen, a gallwn ei weld yntau'n siglo o ochr i ochr wedi ei ddychryn a'i ddallu am ennyd siŵr o fod. Gwnaethom adduned wrth deithio adref y noson honno y buasem yn llawer mwy gofalus o hynny ymlaen — yn wir roedd gofyn i ni fod yn fwy na gofalus.

Does dim amheuaeth o gwbl mai un o'r pethau mwyaf mentrus a wnaethom yn Nhryweryn cyn y weithred oedd ymweld â'r safle ychydig ddyddiau ar ôl y Nadolig. Roeddem wedi clywed fod y gwylwyr i gael eu treblu, ac roedd ci *Alsatian* a *walkie-talkie* gan bob un. Roeddem wedi clywed hefyd bod system seiren ddrudfawr wedi ei gosod, a gellid clywed y seiren yn canu yn y Bala, bedair milltir i ffwrdd! Hefyd roedd weiren faglu wedi ei gosod o amgylch y safle i gyd. (Deallasom yn ddiweddarach fod dwy weiran faglu wedi eu gosod.) Fe ddaeth y mesurau diogelwch hyn i fod wedi i ddau berson anhysbys (ac maen nhw'n dal yn anhysbys i'r heddlu hyd heddiw) geisio tanio'r safle. Mae'n debyg i'r tân beri llawer mwy o ddifrod nag a gydnabyddwyd ar y pryd, ac y buasai llawer mwy o ddifrod wedi ei wneud pe bai un o'r swyddogion diogelwch wedi mynd i gysgu yn ôl ei arfer! Yn anffodus bu bron i'r gwroniaid gael eu dal, ond er i'r heddlu chwilio yn o ddyfal, a blocio'r holl ffyrdd o fewn ychydig funudau, diflannodd y ddau. Mae'n debyg mai hyn a fu'n gyfrifol am yr holl fesurau diogelwch newydd.

Beth bynnag, yr hyn a wnaeth John a minnau oedd mynd i'r safle wedi gwisgo mewn dillad nafis — hen bâr o jîns, welingtons a hen siacedi. Wedi parcio'r car o'r golwg i lawr y ffordd, cerddodd y ddau ohonom i lawr i'r safle, a thrwy'r fynedfa. Taflwyd *'How's yourself!'* brysiog i'r swyddog ar y giât mewn acen Wyddeleg. *'Sure 't is looking for work we are — the both of us.'*

'Ies, wel trai ofar ddêr bai ddy blw sheds, niar tw ddy cantîn,' meddai'r swyddog, a hynny mewn acen Gymreig sir Feirionnydd. 'Trei Tar-Mac, ddei têc on cweit ê lot of Airish nafis.'

Roedd y ddau ohonom eisiau chwerthin, ond dywedais *'T'anks!'* yn ddigon cwrtais cyn i ni gyfeirio'n camrau am y siediau glas.

'Dwi'n teimlo'n rêl boi. Mi wna' i Wyddal unrhyw ddydd. Beth dd'wedi di John?'

'Mi wnest ti ffŵl o hwnna beth bynnag, mae o'n credu mai dau nafi ydan ni, y pesant!'

Dylwn nodi yma, pan fo John yn dweud 'pesant', nad ydi o yn ei olygu fel sarhad o gwbl. Mae o'n dweud y peth yn hollol naturiol.

Wedi cerdded oddi wrth y fynedfa, aeth y ddau ohonom i chwilio am rywle lle gallem aros i wneud nodiadau ar yr hyn a welem. Gan ein bod wedi cael mynediad mor ddidrafferth i'r safle, roeddem yn benderfynol o wneud y defnydd gorau posib o hyn. Cawsom hyd i sied wag, ac o honno roedd gennym olygfa fendigedig o'r holl safle. Yma y treuliwyd y prynhawn i gyd, yn llenwi llyfrau gyda nodiadau. Roedd llawer o'r hyn a welsom yn bethau amhosib i'w gweld liw nos. Er enghraifft, o'r sied, gwelsom leoliad y weiran faglu, a marciwyd y lleoedd hawsaf i ni groesi'r weiran heb ei chyffwrdd. Gwelsom hefyd y storfa danwydd, a lleoliad y gwifrau teleffôn. Aeth pob darn o wybodaeth fel hyn i'r llyfr bach.

Wedi gorffen cofnodi popeth, gadawsom y sied i edrych o'n cwmpas unwaith yn rhagor. Aethom draw

27

wedyn i'r cantîn am baned a brechdan. Dywedais wrth y ddynes yno ein bod yn chwilio am waith, a dangosodd hithau un o'r swyddfeydd i ni drwy'r ffenestr. Wedi gorffen ein te, aethom i'r swyddfa a gofyn i un o'r pedwar gŵr oedd yno, a oedd gwaith ar gael. Dywedodd un ohonynt, yn reit gas —

'There is nothing going until May, it's a hard winter, the weather is slowing down the work a lot.'

Ychydig a wyddai'r brawd ei fod yn fwriad gennym i arafu tipyn mwy ar y gwaith ymhen rhyw bum wythnos. Wedi hyn, gadawsom y safle a throi am adref, gan deimlo i ni wneud diwrnod da o waith.

Cyfarfod Emyr Llew a Geni M.A.C.

Erbyn dechrau Ionawr 1963 yr oeddem yn barod i weithredu. Tua'r amser yma hefyd y deuthum i adnabod myfyriwr ifanc o Goleg Prifysgol Cymru, Aberystwyth. Ei enw oedd Emyr Llewelyn Jones — neu Emyr Llew fel y'i gelwid. Roeddwn i wedi clywed myfyrwyr yn siarad o'r blaen am chwythu Tryweryn, ac am weithredu, ond pan gyfarfûm ag Emyr Llew, gwyddwn fod ei genedlaetholdeb yn golygu mwy iddo na geiriau gwag uwch beint o gwrw.

Gwnaethom drefniadau i gyfarfod yr wythnos ganlynol ym Mhwllheli. Yn ystod y cyfarfyddiad yma, aethom â ffrwydron a ffrwydryddion i hen chwarel, a buom wrthi yn ymarfer gyda hwy. Roeddem wedi cynllunio teclyn amseru, a chawsom gyfle i brofi hwnnw. Roedd gan Emyr Llew ychydig o wybodaeth am ffrwydron a bu hynny o fantais fawr i ni.

Ein bwriad oedd llwyr ddifetha pob darn o offer ar y safle drwy eu chwythu i ebargofiant. Y cynllun bras oedd dewis deg man allweddol, a gosod ffrwydron yno, ond bu'n rhaid i ni newid ein cynlluniau. Y prif reswm oedd mai gweithred 'symbolaidd' oedd ei hangen, a phe na baem yn chwythu'r cyfan mae'n debyg caem ein galw'n derfysgwyr. Gwyddem hefyd y gallai gweithredu fod yn niweidiol i Blaid Cymru, ac felly penderfynwyd rhoi trefn ar y gweithgareddau, ac ymgyrchu o dan yr enw M.A.C. — Mudiad Amddiffyn Cymru. Yr oedd y mudiad hwn yn bwriadu gweithredu yn hollol groes i'r mudiad cenedlaethol sefydliadol, am ei fod yn bwriadu defnyddio trais yn erbyn eiddo fel tacteg yn erbyn gormes y Sais.

Ein penderfyniad terfynol oedd gosod bom o dan un peiriant allweddol ar y safle. Fe wyddem mai'r peiriant pwysicaf o safbwynt yr adeiladwyr oedd y transffformer trydanol. Hwn oedd yn cynhyrchu a dosbarthu trydan i bob rhan o'r safle, a byddai ei ddinistrio yn gostus i'r adeiladwyr. Y transffformer felly oedd ein targed.

Y dyddiad a nodwyd gennym oedd nos Sadwrn, Chwefror y 9fed. Gwnaethom lw i'n gilydd y noson honno i'r perwyl pe bai un ohonom yn cael ei ddal, na fuasai ef yn datgelu enwau'r lleill i'r heddlu. Dylwn nodi yma nad oedd hyn yn golygu i unrhyw un ohonom dyngu llw ar Feibl, fel y ceisiodd yr heddlu ei brofi. Ceisiodd yr heddlu ein cymharu â Eoka neu'r Mau-Mau a phrofi i ni dyngu llw cyfrinachol, ond roedd hynny ymhell o fod yn wir.

Y mae'r sawl a gofia aeaf 1962-1963 yn cofio'r tywydd garw a gawsom, yn enwedig yr eira trwchus a ddisgynnodd. Edrychai'n debygol y buasai'n rhaid i ni ohirio gweithredu, gan fod y rhan fwyaf o briffyrdd sir Feirionnydd ar gau ddiwedd Ionawr. Ychydig ddyddiau cyn hynny bu'r tri ohonom yn ymarfer y weithred, i weld os oedd yna broblemau o gwbl ynglŷn â'r ffyrdd. Roeddem am weld hefyd os oedd y tywydd wedi effeithio ar y gwaith. Buasai o fantais mawr i ni pe na bai'r gwaith wedi ei atal.

Tra'n teithio o Ffestiniog i gyfeiriad y Bala, aethom ar ein pennau i luwchfeydd anferth. Golygai hyn na allem ddefnyddio'r ffordd hon, ac y byddai'n rhaid teithio ar hyd ffordd Dolgellau i'r Bala. Buom yn teithio ar hyd hon eto ddwy noson cyn y weithred, ac roedd honno eto yn anodd i'w thramwyo, ond roedd y swch eira wedi llwyddo i glirio llwybr ar hyd-ddi a llwyddasom i gyrraedd y Bala o'r diwedd. Yn ystod y rhan fwya o'r daith doedd dim digon o le i ddau gar basio ei gilydd, ac roedd gwres yr haul yn ystod y dydd yn toddi'r eira a hwnnw'n rhewi'n solet yn y nos, ac yn gwneud gyrru car yn beryglus.

O gymharu y ddwy ffordd, a'r amser a'r amgylchiadau gwahanol, roedd hi'n golygu awr bob ffordd yn ychwanegol at ein hamserlen wreiddiol. Roedd y perygl yn llawer mwy hefyd, gan ein bod yn gorfod teithio drwy Ddolgellau a thrwy'r Bala. Gwyddem fod sgwod-car gan yr heddlu yn y ddau le, a bod y ceir yn teithio rhwng y ddwy dref yn gyson. Y prif broblem oedd pasio drwy'r Bala ei hun. Byddai unrhyw heddwas yn sicr o gymryd sylw o unrhyw gerbyd a deithiai i, neu o, gyfeiriad Cwm Tryweryn yn nhrymder nos.

Roedd hi'n amlwg na fuasai'n ddoeth defnyddio fy nghar i, gan y buasai'r heddlu yn sicr o holi am bob car a welwyd yn y cyffiniau cyn y ffrwydrad, ac roedd fy nghar i yn un hawdd i'w gofio. Penderfynwyd bod Emyr Llew i hurio car o garej yng nghanolbarth Cymru, a gyrru i fyny i Bwllheli wedi iddi dywyllu ar y nos Sadwrn. Roedd John a minnau i aros yno amdano.

Cyn mynd ymhellach, rhaid i mi gyfeirio at amgylchiad a ddigwyddodd ychydig ddyddiau cyn hyn. Roedd Irene yn disgwyl plentyn, ac yn hollol ddirybudd, fe'i rhuthrwyd i ysbyty. Roeddwn i wedi dychryn yn arw ar y pryd, ac roedd pob math o feddyliau yn pwyso arnaf. Roedd hi'n gwybod wrth

31

gwrs am weithred Tryweryn, gan y buasai'n annheg ac yn amhosibl i gelu unrhyw beth rhagddi.

Roedd y ddwy noson cyn y Sadwrn tyngedfennol hwnnw yn rhai di-gwsg i mi. Ni allwn gysylltu ag Emyr Llew mewn pryd i ohirio'r weithred, a gwyddwn fod y bechgyn i gyd wedi rhoi o'u hamser a'u hegni i gynllunio erbyn dydd Sadwrn. Roedd synnwyr cyffredin yn dweud wrthyf mai gyda 'ngwraig y dylwn fod, er nad oeddwn yn cael ei gweld ond am awr bob nos.

Diau y bydd rhai pobl yn fy meirniadu am weithredu yn Nhryweryn a 'ngwraig yn yr ysbyty, ond os cred unrhyw un ei bod yn well gennyf fod yn chwythu symbolau gormes y Sais na bod wrth erchwyn gwely fy ngwraig yn yr ysbyty, yna mae ymhell o'i le. Dyna'r penderfyniad anoddaf y bu'n rhaid i mi ei wneud erioed. Roedd hi'n loes calon i mi orfod gweithredu'r noson honno fel y tystia'r ddau oedd gyda mi.

Ychydig oriau cyn cychwyn am Dryweryn bûm yn gweld Irene yn yr ysbyty fel arfer. Er na ofynnodd i mi os oeddwn i yn mynd y noson honno, gallwn weld ar ei hwyneb ei bod yn pryderu. Doeddwn i ddim wedi arfer dweud celwydd wrthi, ond o dan yr amgylchiadau penderfynais ddweud nad oeddwn yn mynd. Wedi clywed hyn roedd hi'n llawer siriolach, ac wrth fynd cusanais hi a dweud y buaswn yn ei gweld drannoeth.

Wrth ddweud y geiriau hynny, roedd pob math o bethau yn rhedeg drwy fy meddwl. Oeddwn i'n gwneud y peth iawn? Beth petai'r bom yn chwythu wrth i ni ei chario? Fuaswn i yn gweld Irene byth eto?

Gyda'r pethau hyn yn carlamu drwy fy meddwl y gadewais yr ysbyty y noson honno, gan obeithio'n ddirfawr y gallwn fod yno y noson ganlynol i weld Irene.

32

Y Dam-bystars

Roedd hi'n dywyll uffernol pan aeth y tri ohonom o Bwllheli y noson honno. Y car a gafodd Emyr Llew oedd *Vauxhall* coch — car gweddol newydd. Rwy'n siŵr pe bai rhywun wedi ein gweld ym Mhwllheli, ein bod yn edrych yn driawd go ryfedd. Roedd Emyr Llew yn gwisgo hen gôt gaci dros bâr o drowsus llwydlas. Am ei draed roedd pâr o esgidiau dringo mawr. Gwisgai John gôt gwta, a hen bâr o jîns ac ar ei draed bâr o esgidiau pigfain! Roeddwn innau'n gwisgo hen bâr o jîns, dwy bwlofar dew a siaced werdd. Roedd gen innau bâr o esgidiau pigfain, ond roeddwn i'n eu gwisgo i dwyllo'r heddlu, gan nad oeddwn yn arfer gwisgo'r math yma o esgid.

Emyr Llew oedd yn gyrru, ac roedd y ffrwydron i gyd wedi eu pacio yn ofalus yng nghist y car. Roedd y pymtheng milltir cyntaf yn weddol hawdd, ac roedd y ffordd yn eithaf clir. Wrth fynd yn nes at ganol Meirionnydd roedd pethau'n gwaethygu. Wrth gyrraedd Dolgellau, roeddem yn gyrru rhwng dwy wal ddeng troedfedd o uchder o eira, ac roedd hi'n anodd iawn i ddau gar basio'i gilydd. Wedi gyrru trwy Ddolgellau, roedd Emyr yn gyrru tua 60-65 milltir yr awr, ac er fy mod i yn ystyried fy hun yn un go ffast, roedd yna adegau pan fu raid i mi ofyn iddo arafu ychydig. Roedd darnau o rew yma ac acw ar hyd y lôn, a hefyd mewn mannau, roedd yr eira a gliriwyd gan sychau wedi llithro'n ôl i'r llwybr. Weithiau byddai'r car yn sgidio, neu un o'r olwynion yn llithro i dwll. Bob tro y caem ein siglo gan un o'r llithriadau hyn, roedd John yn taflu golwg dros ei ysgwydd i gyfeiriad cefn y car, ac yn dweud wrth Emyr am gofio mai fo oedd yn eistedd nesaf at y jeli!

Rhyw bedair milltir o'r Bala, roedd darn o graig wedi llithro i ganol y ffordd. Roeddwn i'n siŵr fod Emyr wedi ei gweld, ond mae'n debyg nad oedd, ac roeddem yn gyrru'n rhy gyflym ar y pryd i aros cyn ei tharo. Gyda chlec, trawodd blaen y car y garreg. Gallwn glywed y ffrwydron yn symud yng nghist y car. Roeddwn yn hanner disgwyl clywed ffrwydrad, ac yn wir cawsom ein synnu'n arw na ddigwyddodd un.

Aeth y tri ohonom allan i weld faint o ddifrod a gafodd y car, ac er mawr syndod dim ond teiar fflat oedd yn ein haros. Roeddwn i'n teimlo fod yna rhyw jincs yn ein herbyn y noson honno, oherwydd wrth edrych yn y cefn, doedd yna ddim jac gan y car! Beth ar y ddaear oeddem ni i'w wneud nesaf? Roedd y car yn rhy drwm i'w godi a chan mai olwyn flaen y car ydoedd, a holl bwysau'r peiriant arni, doedd fawr o ddim allem ei wneud mewn gwirionedd.

Ar ôl trafod yn frysiog, penderfynwyd yn y diwedd mai'r unig beth posib oedd dod o hyd i ddarn o bren go nobl a cheisio codi blaen y car yn ddigon uchel i newid yr olwyn. Cawsom foncyffyn braf, ac wedi deng munud o duchan, roeddem wedi codi'r car ddigon i newid yr olwyn. Roeddem wedi colli munudau lawer, ac roedd yn rhaid i ni frysio os oeddem am gwblhau'r weithred o fewn yr amser a fwriadwyd gennym.

Roedd tre'r Bala yn orlawn, gyda phawb wedi dod

yno o'r pentrefi a'r ffermydd cyfagos am eu sbri nos Sadwrn. Roedd yna nifer o weithwyr o Dryweryn yno hefyd, a gellid eu hadnabod yn hawdd gan mor wahanol oedd eu hiaith, eu hymadroddion a'u hymarweddiad i rai trigolion y Bala.

Agorwyd ffenestri'r car wrth fynd drwy strydoedd y dref, a gallem glywed lleisiau yn gweiddi a chanu yn y tafarnau llawn ac ar hyd y strydoedd. Gydag ochenaid o ryddhad am na welsom blisman o gwbl, trodd Emyr Llew y car i gyfeiriad Tryweryn. Roedd hon yn ffordd fwy troellog, cul a pheryglus. Pasiwyd y camp lle trigai'r rhan fwya o'r Saeson a'r Gwyddelod a weithiai ar y safle.

Wedi gwneud yn siŵr nad oedd enaid byw i'w weld o amgylch y gwaith, aethom yn ein holau i gyfeiriad y Bala, a throi i'r chwith am Gwmtirmynach. Yma y gadawyd y car, yn iard yr ysgol leol. Roedd y tri ohonom yn cario gwahanol rannau o'r bom: John yn cario'r ffrwydryddion, Emyr Llew yn cario'r teclyn amseru, a minnau'n cario'r jeli. Buom yn cerdded ar hyd y ffordd am beth amser, ond wrth weld golau car yn dynesu, aeth y tri ohonom dros ben y clawdd agosaf, a dechrau cerdded ar hyd y caeau i gyfeiriad y Cwm. Gallem weld gwawr goch o'n blaenau lle'r oedd golau diogelwch y safle yn taflu ei lewyrch i'r awyr, a bu hynny o gymorth i ni i ddewis y llwybr unionaf tuag ato. Roedd y Cwm ei hun wedi ei guddio oddi wrthym.

Roedd hi'n noson oer drybeilig, ac mewn mannau roedd yr eira yn cyrraedd at ein hanner. Roedd John a minnau yn rhegi ers meitin i ni ddewis esgidiau anaddas. Roedd gwell siâp ar Emyr yn ei esgidiau dringo. Wrth lusgo ymlaen, a'r lluwchfeydd yn glynu'n gyndyn wrth ein traed a'n coesau, clywsom gi yn cyfarth o'n blaenau.

Buarth fferm oedd yno, a bu raid i ni amgylchynu'r tŷ rhag ofn i'r ci ddeffro'i feistr. Bron ymhob cae, roedd dwsinau o ddefaid newynog yn chwilio'n ddyfal am flewyn glas. Pan aem yn agos atynt, codent eu pennau, ac edrych arnom yn hir-ddisgwyliedig.

O gyrraedd copa'r mynydd oedd rhyngom a Thryweryn, gallem weld y ffordd yn glir. Roedd hi bellach yn chwarter wedi deg, ac nid oedd enaid byw i'w weld yn unman. Doedd dim car i'w weld ar y ffordd, a'r rheswm pennaf mae'n siŵr oedd fod ffordd Ffestiniog wedi ei chau gan yr eira. Yng ngolau lamp anferthol y safle, gallwn weld llecyn petryal yn agos i'r ffordd. Hwn oedd y transfformer — ein targed!

Safai'r transfformer mewn llecyn ar ei ben ei hun. Roedd ffens o bicelli dur o'i amgylch, tua naw troedfedd o uchder. Uwch ei ben roedd lamp lachar a oleuai'r transfformer ei hun a thua ugain llath o bob tu iddo.

Yn araf y daethom i lawr ochr y mynydd ac i gyfeiriad y ffordd. Roeddem yn cadw yn glòs at y clawdd, gan wylio a gwrando ar bob smic. Yr unig sŵn i darfu ar y tawelwch llethol oedd sisial canu afonig fechan, a thwrf rhyw injan ddisel oedd i'w chlywed yn pwmpio dŵr yn gyson o un neu ddau o'r twnelau a gloddiwyd i ochr y mynydd.

Neidiodd y tri ohonom dros y ffens ac i ganol y ffordd. Yna cerddasom am ryw ddau gan llath nes oeddem gyferbyn â'r transfformer. Roedd y ffordd ei hun wedi rhewi, ac yn llithrig iawn. Cawsom dipyn o drafferth i gerdded i fyny'r mymryn o allt, a llithrodd y tri ohonom nifer o weithiau. Am fy mod yn gorfod defnyddio fy nwy law i gario'r jeli, roeddwn i'n ei chael hi'n anos na'r ddau arall. Wedi i ni gyrraedd, dywedodd Emyr:

'Weira' i e lan pan fydda' i miwn yn y compownd.

36

Gallwch chi watsho tu fas rhag ofn i rywun ddod.'

Gwyddwn yn iawn beth oedd yn ei feddwl. Y fi oedd yr unig un priod ohonom ein tri, a doedd o ddim am i mi gymryd y siawns y buasai rhywbeth yn digwydd wrth gysylltu'r cloc a'r ffrwydryddion i'r jeli. Er fy mod yn edmygu ei agwedd, doedd gen i mo'r bwriad o adael iddo wneud hynny, a dywedais:

'Y fi ydy'r hyna', mi a' i.'

Wedi ychydig funudau o ddadlau, a'r ddau ohonom yr un mor ystyfnig â'n gilydd, dywedais wrtho:

'Reit, wna' i doshio i weld pwy sy'n mynd i gael ei chwythu!'

Atebodd yntau:

'Duw, Duw. Awn ni'n dou miwn 'te!'

Roedd yn rhaid i un aros allan, rhag ofn i un o'r Swyddogion Diogelwch ddod ar ein gwarthaf gyda'i Alsatian. Penderfynwyd felly mai John fuasai'n gwneud hyn.

Roedd hi'n anodd iawn mynd at y transfformer. Arhosodd y tri ohonom y tu ôl i greigiau gerllaw i edrych o'n cwmpas. Roedd y golau cryf ar yr eira yn olygfa nas anghofiaf. Roedd rhesi a rhesi o siediau a chytiau a pheiriannau mud yn gwneud i mi feddwl am *ghost town* ar blaned arall. Er gwaetha'r distawrwydd llethol, gwyddem fod o leiaf chwe gwyliwr yno'n rhywle.

Am y chwarter milltir olaf, bu raid i ni ymlwybro ar ein stumogau. Dyma'r unig ffordd y gallem fod yn sicr na fuasai neb yn ein gweld yn hawdd. Roedd rhyw ugain llath rhyngom. Emyr ar y blaen, minnau yn y canol, a John y tu ôl i mi. Roedd y tri ohonom yn ddigon parod i wynebu unrhyw wyliwr nos pe deuai i hynny ond doedd yr un ohonom yn awyddus i ddod wyneb yn wyneb ag un o'r cŵn. Yr oeddem yn ymwybodol y gallai'r math yma

37

o gi fod yn beryglus iawn.

Roedd yr eira wedi socian drwy fy nillad cyn i mi fynd canllath, ac yn y distawrwydd gallem glywed ein gilydd yn anadlu. I'r chwith ohonom clywsom sŵn. Rhewodd y tri ohonom fel un gŵr, ond dim ond dafad anniddig oedd yno yn pwyso'i throed ar yr eira caled. Cyn pen dim roedd nifer ohonynt wedi casglu ynghyd i weld pwy oedd yn tarfu ar eu tawelwch. Bu'n rhaid i ni yn ein tro stampio'n traed yn yr eira i'w gyrru oddi yno.

Cyn mynd hanner ffordd at y transfformer, roeddwn i'n dechrau teimlo cramp yn fy nghoes chwith. Yr unig gysgod gerllaw oedd clawdd bychan o goed helyg a gysgodai ffos ddofn o ddŵr rhewllyd. Bu raid cropian drwy'r ffos, ac aros yno am ennyd cyn rhuthro i gysgod mynydd o eira oedd rhyw ddeugain llath o'r brif fynedfa. Does dim amheuaeth y buasai unrhyw wyliwr yn gallu ein gweld yn hawdd oni bai am y lluwchfeydd.

Arhoswyd am ychydig i wrando cyn i Emyr ruthro at y ffens, ac ymbalfalu drosti. Teflais y ffrwydron iddo cyn dringo ar ei ôl. Pan neidiais i'r ddaear suddais at fy ngliniau mewn eira. Dilynais Emyr at y transfformer gan roi fy nhraed yn ofalus yn ôl ei draed ef.

Ni fuwyd yn hir cyn penderfynu ym mhle yr oedd y lle gorau i osod y bom. Y rhan fwyaf hanfodol o'r transfformer oedd y tanc mawr sgwâr, oedd yn y canol. Yn hwn y cedwid yr oel a oerai'r peiriant. Yn ofalus a phwyllog gosodwyd y jeli yn ei le o dan y tanc, yna cysylltwyd y ffrwydryddion iddo. Yn olaf cysylltwyd pen arall y ffrwydryddion i'r batri ar y teclyn amseru. Hon oedd y foment dyngedfennol, oherwydd buasai un camgymeriad bychan yn ddigon i ffrwydro'r bom. Yn ffodus, aeth popeth yn ôl y disgwyl, ac wrth osod y bom yn ofalus o dan y tanc yr unig sŵn a glywem oedd tic . . .

tic . . . tic . . . y teclyn amseru. Wedi casglu'r darnau o weiars oedd ar ôl, ni fu'r ddau ohonom yn hir cyn ailddringo'r ffens a disgyn yr ochr arall iddo.

Arhosom ni ddim eiliad arall yno, ond cychwyn yn ôl yn syth ar hyd y ffordd y daethom. Cyn mynd chwarter milltir, dechreuodd y poen eto yn fy nghoes, ac ymhen ychydig eiliadau roeddwn yn gorfod ei llusgo'n boenus y tu ôl i mi. Yn naturiol roedd y ddau arall wedi mynd ymhell, a phan welsant fi yn gorwedd ar y llawr y tu ôl iddynt troesant yn eu hôl. Y gweddill o'r ffordd i'r car bu raid i mi hercian ar un goes, tra oedd y ddau arall yn eu tro yn rhoi help llaw i mi.

Wedi cyrraedd y briffordd, edrychodd y tri ohonom am y tro diwetha ar y transfformer a'r safle. Roedd pob man yn dawel a dim smic yn unman. Roedd hi'n chwarter wedi un ar ddeg. Roedd hi wedi cymryd union awr i ni gropian lawr, a dod yn ôl. Roedd digon o amser gennym eto i ddychwelyd i Bwllheli erbyn tua hanner awr wedi deuddeg. Roedd hynny yn rhoi dwy awr i ni cyn i'r bom ffrwydro.

Ceisiais rwbio fy nghoes chwith orau gallwn, ac ar ôl gwneud hyn yn galed am rai munudau gallais ymlwybro ymlaen. Ond methais godi coes fy nhrowsus, am ei bod wedi rhewi'n gorn — dyna mor erwin oedd y tywydd!

Wedi i ni groesi'r ffordd fawr, nid oedd cymaint o frys arnom. Roeddem bellach o olwg y safle ac o gyrraedd llewyrch y goleuadau. Wrth neidio'r clawdd olaf cyn cyrraedd y car, daeth ebychiad o enau Emyr Llew: 'Iesu mawr!'.

Troesom yn ein holau, a gweld Emyr yn yr eira yn magu'i goes. Dangosodd gefn ei goes i ni. Roedd y weiran wedi rhwygo ei drowsus a'r cnawd gan adael clwyf dwfn tair modfedd o hyd ar ei goes. Wedi

39

rhwymo'r clwyf orau gallem gyda hances boced, ailgychwynnwyd am y car. Roedd yr hanner canllath diwethaf yn un poenus i Emyr. Ni allai symud bron. Wedi cyrraedd y car, a chynnau'r golau, roedd gwaed yn llifo o'r clwyf. Roedd ei esgid yn llawn gwaed, a'i drowsus yn socian. Roedd hi'n amhosibl iddo ddreifio, felly es i at y llyw.

Wrth gynllunio'r weithred, roeddem wedi ystyried y posibilrwydd o ddefnyddio ffordd wahanol i ddianc. Y teimlad oedd y gallai fod yn beryglus i ddefnyddio'r ffordd drwy'r Bala a Dolgellau ganol nos. Roeddem yn sicr pe bai'r heddlu yn gweld y car yn gyrru drwy un o'r trefi yr amser hwnnw, y buasent naill ai yn ei stopio neu nodi'r rhif. Y ffordd orau yn ein tyb ni oedd honno a groesai o'r Fron-goch i Gerrigydrudion. Gallem fynd wedyn hyd yr A5 drwy Fetws-y-coed a Chapel Curig, lawr i Feddgelert a Thremadog, ac yna i Bwllheli. Nid oeddem wedi teithio ond dwy neu dair milltir pan waethygodd y ffordd. Roedd lluwchfeydd chwe troedfedd o bobtu i ni, ac ni allai'r car symud ond yn un o'r gêrs isaf.

Yn sydyn o'n blaenau gallwn weld hen fen lwyd wedi llithro ac aros ar ganol y ffordd. Roedd dyn ifanc yn sefyll gerllaw. Suddodd ein calonnau. Mi fuasai hwn yn sicr o gofio ein gweld, ac efallai gofio rhif y car hefyd os na allem fynd heibio'n bur sydyn. Wrth refio'r car i geisio pasio, llithrodd yr olwynion ôl oddi ar y ffordd, ac ymhen dau funud roeddem yn sownd yn yr eira ar ochr y ffordd. Roedd hi'n amlwg bellach na allem fynd yn ein blaenau, ac mai'r unig beth i'w wneud oedd troi'n ôl a mentro trwy'r Bala. Roedd y llanc ifanc yn cerdded tuag atom. Gan fy mod yn reit dda am ddynwared pobl, penderfynwyd mai criw o Saeson oeddem, yn dychwelyd i Lundain. Yn ffodus, rhif o Loegr oedd ar y car.

Daeth y llanc atom. Llafn ifanc tua un ar hugain ydoedd. Edrychai'n welw iawn, a gwisgai sbectol drwchus. Roedd wedi taflu top-côt laes dros ei ysgwyddau, a chyrhaeddai honno hyd at hen bâr o welingtons oedd am ei draed. Roedd yn crynu gan yr oerfel. Edrychai'n amheus iawn arnom wrth i mi ei gyfarch.

'I say, old boy, do you know if this road goes anywhere — what?' Yn naturiol roeddwn yn gwybod yr ateb yn iawn, ac atebodd yntau:

'Nô uts clôst . . . Aim styc tw . . . iw sî?'

Roedd o'n byw mewn fferm rhyw filltir oddi yno, ac ar ei ffordd adref o'r Bala. Ni allai symud gam oddi yno, ac mae'n debyg y buasai'n rhaid iddo gerdded y gweddill o'r ffordd.

Bu'n barod iawn i'n cynorthwyo i gael olwynion ôl y car yn ôl ar y ffordd, a chyn hir roedd y car wedi ei anelu am y Bala unwaith eto. Cyn gadael dywedais wrtho:

'Blast these Welsh roads — What! I'll only be too glad to get back over the border old boy!'

Diolchais iddo a gyrru oddi yno. Roedd Emyr Llew a John yn cael hwyl iawn yn y car, ond gwyddem yn rhy dda mor beryglus oedd hi arnom yn awr. Pe bai'r llanc yn clywed am y ffrwydrad, tybed a ddywedai wrth yr heddlu iddo'n gweld, a'n cynorthwyo i symud y car? Wrth yrru drwy'r Bala, nid oedd enaid byw i'w weld, ac ni welsom neb nes oeddem rai filltiroedd o Ddolgellau. Gwelsom gar o'n blaenau yn bacio i ffordd fechan. Drwy gornel fy llygaid gwelais olau'r car yn disgleirio ar fathodynnau helmets!

'Plismyn!' gwaeddais.

41

'Dwi ddim yn meddwl,' meddai un o'r ddau.

'Dwi'n blydi siŵr i mi weld golau yn disgleirio ar eu helmets wrth i ni basio,' atebais innau. Cyn i ni fynd dau neu dri chan llath, gwyddwn fy mod yn iawn. Roedd y car yn ein dilyn. Trodd Emyr a John yn ôl gyda'i gilydd a'm hannog i fynd yn gynt. Ond doedd dim pwrpas gwneud hynny. Y peth gorau oedd dal i fynd yn araf, a rhoi cyfle iddynt basio. Pe bawn i'n dechrau gyrru, buasai hynny wedi tynnu sylw.

Roedd y car yn ein dilyn yn glòs am rai milltiroedd, ond yn sydyn, arhosodd a throi yn ôl i gyfeiriad y Bala.

Ni chawsom unrhyw drafferth arall ar ein ffordd adref — a dweud y gwir roeddem wedi cael digon o drafferthion am un noson.

Pan gyraeddasom Bwllheli, parciwyd y car yng nghefn y sinema, drws nesa i'r caffi. Aethom drwy'r drws yn ddistaw, ac i fyny'r grisiau i'r fflat. Euthum at y ffôn yn syth, a chysylltais ag Ysbyty Dewi Sant, ac roedd yn rhyddhad i glywed y nyrs yn dweud bod Irene yn gyfforddus, ac yn cysgu ar y funud.

Roedd y tri ohonom yn oer, yn wlyb ac ar lwgu. Wedi cael pryd brysiog a chynhesu roedd hi wedi un o'r gloch. Dwy awr i fynd! Ond byddai'r tri ohonom yn cysgu'n dawel ac nid oedd modd i ni wybod a fuom yn llwyddiannus. Byddai'n rhaid aros, a gwrando ar y newyddion ar y radio cyn gwybod hynny.

Yr Adwaith i'r Weithred

Fore trannoeth, Chwefror 10fed, roeddem yn rhy hwyr yn codi i glywed newyddion Cymru ar y radio, felly byddai'n rhaid aros i glywed y bwletin nesaf. Pan ddaeth hwnnw, doedd dim sôn o gwbl am ffrwydrad yn Nhryweryn. Roedd y tri ohonom yn dechrau poeni — efallai i'r teclyn amseru rewi? Neu bod y weiars wedi datod — er y gwyddem rywsut na allai dim fynd o'i le. Roedd y tri ohonom yn cerdded hyd a lled y stafell fyw.

Ffôniais yr ysbyty eto yn y bore, a gofyn i'r nyrs ddweud wrth Irene y buaswn yno am dri yn y prynhawn. Wedi ffônio, eisteddais unwaith eto wrth y radio, i ddisgwyl am y bwletin nesaf. Roedd Emyr a John yn sownd wrth y set, gan fod y batri yn weddol isel. Unwaith eto ni ddywedwyd dim. Roeddem yn cysuro ein hunain efallai na fuasai'r weithred yn cyrraedd y prif newyddion, ac mai ar newyddion Cymru yn unig y byddai. Cofiais yn sydyn fod newyddion canol dydd yn cael ei ddarlledu ar y teledu. Wedi i'r set dwymo, dyma'r geiriau a glywsom: '*There has been another explosion in the Tryweryn Valley in North Wales, the scene of Liverpool's huge twenty million pounds reservoir scheme. The main transformer — supplying electricity to the site — was shattered by an explosion early this morning. It is believed to be an act of sabotage, and the Police are making enquiries.*'

Aeth y tri ohonom yn ferw gwyllt ac Emyr yn gweiddi: 'Grêt bois . . . Grêt bois . . . '.

Roedd y gwaith anferth yn Nhryweryn wedi'i atal. Doedd dim a allai'r peirianwyr ei wneud ond aros i'r tywydd glirio cyn dod â transfformer arall i'r safle. Heb drydan allai'r gwaith ddim mynd rhagddo. Roedd y tri ohonom wedi gweithredu dros Gymru ac roedd y myth na fuasai neb mwyach yn gweithredu drosti wedi ei chwalu.

Roeddem yn ystyried ein gweithred yn llwyddiant am i ni, grŵp bychan o Gymry dibrofiad lwyddo nid yn unig i atal y gwaith, ond hefyd i ddenu sylw'r byd at y trais a'r rhaib. Ein gobaith oedd y buasai hyn yn ysgwyd y Cymry hyd eu seiliau, ac nad oedd yn rhy hwyr, hyd yn oed yn awr i rwystro'r Saeson. Hyd yn oed yn wyneb Llywodraeth Dorïaidd Lloegr a grym Corfforaeth Lerpwl, pe bai'r Cymry wedi codi fel un gŵr, ie, pe na bai eu harweinwyr yn llwfr, gallai cwrs hanes Cymru fod wedi newid ynghanol y chwedegau. Ond am mai cenedl o gachgwn ydym, ni ddigwyddodd hynny.

Does ond eisiau i ni edrych yn ôl dros ysgwyddau'r blynyddoedd i 1936 i weld mor wir yw hynny. Cafodd Saunders Lewis, D.J. Williams a Lewis Valentine eu dilorni a'u herlid yn dilyn eu gweithred ym Mhenyberth a Chymry oedd uchaf eu condemniad o weithred y tri. Tybed a oedd hyn i ddigwydd i Emyr Llew, John a minnau?

Ond i ddychwelyd at y bwletin newyddion. Cafwyd sôn am y weithred ar bob bwletin radio wedi hynny, ac ar BBC Cymru y noson honno, roedd hanner y newyddion wedi ei neilltuo i'r ffrwydrad. Dangoswyd lluniau o'r transfformer gydag uffar o dwll hyfryd o hyll yn y tanc, a dwsinau o blismyn a ditectifs yn archwilio pob modfedd o'r compownd. Soniwyd hefyd am ôl traed yn yr eira.

Am dri o'r gloch y prynhawn hwnnw, euthum i'r ysbyty i Fangor i weld Irene. Roeddwn yn awyddus iawn i'w gweld yn arbennig am i mi ddweud wrthi na fuaswn yn mynd i Dryweryn y noson cynt. Roedd hi'n amlwg y buasai pawb yn yr ysbyty yn gwybod am y weithred erbyn hyn, roedd gen i dipyn o waith egluro i Irene. Gwyddwn serch hynny y buasai hi'n deall.

Wrth gerdded drwy'r drws i'r ward, roedd hi'n eistedd i fyny yn y gwely, a phan ddaliodd ei llygaid fy llygaid i, gwelais awgrym o wên yn croesi'i hwyneb.

'Sut wyt ti?' gofynnais iddi.

'Llawer gwell diolch,' atebodd, 'a thithau?'

'O. Dwi'n iawn,' atebais. 'Mi glywaist am neithiwr?'

'Hust. Paid â siarad mor uchel! Do, dwi wedi clywed. Dydyn nhw'n siarad am ddim byd arall yma.'

'Mae'n ddrwg gen i na wnes i ddim dweud wrthat ti 'mod i'n mynd, ond paid â phoeni, mae o drosodd rŵan.'

'Mae'n iawn,' atebodd hithau. 'Dwi'n falch eich bod chi wedi bod yno, ond bydda'n ofalus, dwi ddim isho i ti gael dy ddal.'

'Does 'na ddim llawer o siawns i hynny ddigwydd,' meddwn innau.

Dywedodd ei bod yn gobeithio dychwelyd adref ymhen deuddydd neu dri.

Dychwelodd Emyr i Aberystwyth yn hwyr y prynhawn hwnnw. Roedd o'n rhannu fflat gyda myfyrwyr eraill yn Aberystwyth. Dychwelodd John yntau i dŷ 'i chwaer ym Mhenrhyndreudraeth.

Ymhen ychydig ddyddiau roedd popeth yn normal eto. Roedd Irene wedi dod o'r ysbyty, a'r plant wedi dychwelyd atom. Roedd yr heddlu yn dal i chwilio am y rhai a ddinistriodd y transfformer. Roeddynt yn chwilio ar y pryd yn sir Forgannwg. Yn ôl a glywais wedyn, roeddynt bron yn sicr mai yno yr oedd y difrodwyr yn cuddio. Roedd y wasg yn llawn adroddiadau a lluniau o'r transfformer drylliedig. *'EXPLOSION ROCKS VALLEY OF FEAR'* sgrechiai pennawd chwarter tudalen yn y *Daily Express*, ac roedd eu gohebydd wedi darganfod mai ' . . . *a fanatical underground movement of Nationalist Extremist'* oedd yn gyfrifol.

O'r holl bapurau, y *Western Mail* oedd y mwyaf troëdig. Treuliai gohebwyr y papur hwn eu hamser a'u hegni yn lladd achos Cenedlaetholdeb yng Nghymru, er eu bod yn honni mai'r *Western Mail* oedd papur 'cenedlaethol' Cymru. Eu pennawd ar y dydd Llun wedi'r ffrwydrad oedd *'SABOTAGE AT TRYWERYN'* a llun hanner tudalen o'r transfformer drylliedig oddi tano.

Prynais bob papur newydd, ac roedd hi'n dipyn o hwyl darllen y gwahanol fersiynau o sut y llwyddwyd i chwythu'r transfformer, a phwy oedd yn gyfrifol. Ni fu'r *Western Mail* yn hir iawn cyn cychwyn ymosod ar Blaid Cymru, gan awgrymu mai'r Blaid a fu'n gyfrifol am y weithred. Roedd un hen gwdyn o ohebydd wedi ysgrifennu cyfres o erthyglau dan y pennawd *'Crisis in the Plaid'*. Peter Kane oedd ei enw, ac ymhlith y llith hollol wirion roedd brawddegau megis, *'It does not take courage to go out and plan a time bomb under the cover of darkness.'* Pwy uffar oedd o i farnu dewrder Cymry gwladgarol? Mi alla' i ddweud i sicrwydd i'w sylwadau o a'i debyg yrru llawer mwy o genedlaetholwyr i ddefnyddio dulliau trais nag a wnaeth unrhyw ebychiad o enau penboeth pasiffistaidd a arweiniai Blaid Cymru.

Beth bynnag am agwedd y Wasg i'r ffrwydrad, roedd un peth yn amlwg — roedd llawer mwy na'r transfformer wedi ei sigo gennym!

Aeth wythnos heibio, ac roeddwn wedi gwthio'r digwyddiad i gefn fy meddwl. Yna un dydd, roeddwn yn paratoi paned o goffi i gwsmer yn y caffi, pan ddywedodd un o'r genod oedd yn gweithio i mi:

'Glywaist ti fod y plismyn wedi restio rhyw stiwdant yn Aberystwyth? Rhywbath i wneud hefo'r bom yna.'

'Maen nhw wedi gwneud be?' gwaeddais y geiriau bron yn fy nychryn.

Edrychodd arnaf am funud gan feddwl, mae'n siŵr, fod rhywbeth yn bod arnaf.

'Maen nhw wedi dal rhyw stiwdant . . . y plismyn . . . ti'n gwbod?'

Estynnais y coffi i'r cwsmer a dweud:

'Swllt plis . . . lle clywaist ti Meri? . . . diolch syr . . . oedd o ar y radio?'

'Roedd o ar y niws . . . ond rhywun arall ddeudodd wrtha' i.'

Druan o Emyr, meddyliais. Mae'n rhaid mai'r car a'i bradychodd. Naill ai'r car neu'r llanc ifanc a'n helpodd ni yn yr eira.

Rhedais i'r llofft i dorri'r garw i Irene. Roedd hi'n eistedd wrth y tân, a phan glywodd y newydd roedd hi'n naturiol yn poeni a fuasai'r plismyn yn hir cyn dod i fy restio innau. Dywedais wrthi na fuasai Emyr byth yn bradychu enwau wrth yr heddlu a'i bod yn fwy na thebyg nad oedd gan yr heddlu dystiolaeth yn ei erbyn beth bynnag.

Roedd restio Emyr Llew yn stori fawr i'r papurau, ac roedd y rhan fwyaf o'r papurau yn sôn am *further arrests soon*. Ymddangosodd Emyr Llew gerbron

47

ynadon y Bala, a chadwyd ef yn y ddalfa tra oedd yr heddlu yn parhau gyda'u hymholiadau. Wedi dau achos tebyg, rhoddwyd mechniaeth iddo hyd yr achos traddodi. Yn yr achos hwnnw traddodwyd ef i sefyll ei brawf yn Llys Caerfyrddin ar Fawrth 29ain. Roedd cefnogaeth gref wedi ymddangos ym mhob un o'r llysoedd, a rhoddwyd cyhoeddusrwydd mawr i'r achosion i gyd yn y wasg ac ar y teledu.

Y Barnwr Elwes oedd yn Llys Caerfyrddin pan ymddangosodd Emyr Llew yno. Roedd ganddo enw am fod yn farnwr tosturiol, o'i gymharu â rhai o'r barnwyr eraill oedd ar y gylchdaith. Wrth gwrs doedd hyn yn ddim cysur i Emyr Llew. Roedd John a minnau wedi penderfynu peidio cysylltu ag o na mynd i unrhyw un o'r llysoedd. Dywedid bod Aberystwyth ar y pryd yn ferw o dditectifs a'r Sbeshial Bransh. Y rheswm mae'n debyg oedd bod yr heddlu wedi restio un myfyriwr o Aberystwyth yn gweithio ar y rhagdybiaeth mai myfyrwyr oedd y lleill hefyd. Ond roedd John a minnau wedi penderfynu un peth, y dydd y dedfrydid Emyr Llew i garchar, yr oeddem yn benderfynol o weithredu eto. A hynny o fewn ychydig ddyddiau i'w garcharu.

Yn gynnar ym Mawrth, cafodd fy ngwraig waedlif arall a rhuthrwyd hi i'r ysbyty eto. Y tro hwn roedd y doctoriaid yn benderfynol o'i chadw yno nes geni'r plentyn — roedd ganddi fis i fynd cyn esgor.

Cefais sioc fore trannoeth. Pan ffôniais yr ysbyty i ofyn amdani cefais wybod ei bod hi a'r plentyn yn iawn!

'Beth?' gwaeddais. 'Plentyn?'

'Ie,' atebodd y nyrs. 'Fe gafodd ei geni yn gynnar y bore yma . . . merch fach!'

Rhedais allan i brynu torch o flodau a bocs siocled a cherdyn, ac euthum ar f'union i'r ysbyty. Roedd yn

48

rhaid i'r plentyn aros yn yr ysbyty am ei bod wedi ei geni'n gynamserol. Teleri Bethan oedd yr enw a roesom arni, er mai Bethan y penderfynasom ei galw.

Carcharu Emyr Llew

Dair wythnos wedi i Irene ddod adref o'r ysbyty, ar Fawrth 29ain, dechreuodd yr achos yn erbyn Emyr Llew yng Nghaerfyrddin. Er nad aeth John na minnau i Gaerfyrddin, roedd y storïau a glywem am yr achos yn anhygoel. Roedd deuddeg cant o bobl wedi teithio o bob rhan o Gymru i'w gefnogi. Soniwyd hefyd bod pum cant o blismyn wedi eu gwasgaru ar hyd y dref mewn cerbydau gwrth-derfysg ond na fu eu hangen o gwbl gan i'r dyrfa enfawr ymddwyn yn heddychlon trwy'r achos.

Wrth ddedfrydu Emyr Llew i flwyddyn o garchar dywedodd y barnwr bod hon yn ' . . . *one of the most unpleasant tasks I have ever been called upon to perform'*. Cyfeiriodd at Emyr Llew fel *'a young man of such excellent back-ground and character'*. Cafodd Emyr Llew ddedfryd o flwyddyn o garchar ar bob un o'r ddau gyhuddiad yn ei erbyn, ond roedd y dedfrydau i gydredeg. Golygai hyn y buasai'n y carchar am flwyddyn, llai traean o faddeuant am fihafio! Yr un dydd, aethpwyd ag o i garchar Abertawe.

Cymysg iawn oedd ymateb John a minnau i'r ddedfryd. Ar y naill law, roeddem yn berwi am fod Emyr Llew wedi ei garcharu am ei ran yn y weithred, ar y llaw arall, roeddem yn falch nad oedd y ddedfryd cymaint â'r hyn a ofnem. Roedd rhai wedi awgrymu na fuasai'n cael llai na thair blynedd o garchar.

Wedi'r achos, cawsom wybod sut yr aeth yr heddlu ar drywydd Emyr. Roedd y llanc ifanc a'n gwelodd y noson honno wedi rhoi disgrifiad manwl ohonom i'r heddlu, ac wedi disgrifio'r car. Llwyddwyd rhywfodd i olrhain y car i garej yn Aberystwyth, ac yno cafwyd enw a chyfeiriad Emyr gan y perchennog. Arestiwyd Emyr Llew yn ei fflat y dydd hwnnw. Gwrthododd wneud datganiad er ei holi a'i stilio, ond roedd y ditectifs wedi dod o hyd i rai pethau yn ei stafell. Cafwyd hyd i lw M.A.C. yn un o'i bocedi ynghyd â rhai dogfennau eraill a ddefnyddiwyd fel rhan o'r dystiolaeth. Yn ei boced hefyd cafwyd darnau pitw o ffrwydron — o leia dyna dystiolaeth labordy fforensig yr heddlu. Drwy gydol yr amser gwrthododd Emyr Llew enwi John na minnau wrth yr heddlu. Dywedodd ei dad wrthyf yn ddiweddarach y buasai Emyr wedi mynd â'r gyfrinach i'r bedd gydag o cyn ein bradychu.

Yr oedd gan yr heddlu dystiolaeth arall fodd bynnag. Gallent brofi mai'r car a fu yn Nhryweryn ac a huriwyd gan Emyr Llew oedd y car o garej Aberystwyth am fod print llaw y llanc yn dal ar gaead y bŵt. Rhaid i mi gyfaddef na ddaeth i feddwl yr un ohonom i sychu ôl dwylo'r llanc oddi ar gefn y car.

Roedd John a minnau yn benderfynol o ddial am garcharu Emyr Llew. Roedd cynllun eisoes gennym. Roedd hi'n amlwg mai'r ffordd effeithiol o daro oedd ceisio atal y cyflenwad trydan i'r safle. Roedd yn rhaid anghofio'r transfformer y tro hwn, am fod gwyliadwriaeth ddydd a nos arno, yn dilyn y ddwy weithred flaenorol. Roedd transfformer newydd sbon yno erbyn hyn, gan fod yr hen un wedi ei chwythu'n bob siâp, ond roedd un ffynhonnell o drydan yn cyrraedd y safle oedd yn amhosibl ei gwarchod. Honno oedd y llinell hir o beilonau anferth a gariai naw deg mil o foltiau o bwerdy Maentwrog i'r argae. Roedd y peilonau yn croesi gweundir unig, a chaeau fyrdd cyn cyrraedd y safle yn Nhryweryn. Y peilon a ddewiswyd gennym oedd un yng Ngellilydan, ger iard lo yr hen Orsaf Niwclear yn Nhrawsfynydd. Roedd nifer o resymau pam dewiswyd y peilon hwn. I ddechrau nid oedd i'w weld o'r briffordd, ond eto roedd ffordd fechan yn pasio o fewn ychydig lathenni iddo. Yn ychwanegol at hyn, roedd hen bont garreg yn croesi'r rheilffordd gerllaw, a chan nad oedd yn fwriad gennym i ddefnyddio teclyn amseru, roedd yn rhaid cael rhywle i gysgodi. Gallai defnyddio teclyn amseru fod yn beryglus, gwn fod pobl o ffermydd cyfagos yn defnyddio'r ffordd o dro i dro.

Y Dial

Unwaith eto roeddwn i mewn sefyllfa anodd. Roeddwn eisoes wedi cyflawni un weithred tra oedd Irene yn yr ysbyty, a heb gael fy holi hyd yn oed am y weithred honno. Y tro hwn roedd y fenter yn llawer mwy. Gan nad oeddem yn defnyddio teclyn amseru, nac wedi cael amser i gynllunio, byddai'n rhaid aros ger y peilon nes yr oedd yn chwilfriw, ac yna dianc oddi yno. Roedd y perygl yn enbyd, nid yn unig perygl o chwythu'r peilon ac aros ychydig lathenni draw, ond gallai'r gwifrau ddisgyn yn chwithig, a doeddwn i ddim am ddadlau efo weiran fyddai'n cario naw deg o filoedd o foltiau!

Ceisiais egluro'r sefyllfa i Irene. Roedd Emyr yng ngharchar, a minnau'n rhydd. Er y gwyddwn pe cawn fy restio mai hi fyddai'n dioddef fwyaf, roedd yr ysfa yma wedi cydio ynof. Gwyddai hithau hynny. Gwyddai y buasai'n rhaid iddi wynebu dichell cymdogion di-asgwrn-cefn. Doedd y rhan fwyaf o'r rheini yn hidio'r un botwm corn am ddyfodol eu hiaith nac am daflu'r cadwynau caeth oddi am eu traed.

Y noson honno, Mawrth 31ain, cychwynnais unwaith eto i gyfeiriad Tryweryn. Codais John ym Mhenrhyndeudraeth. Gan fod yr heddlu wedi dibynnu gymaint ar olion traed yn eu hymchwiliad yn Nhryweryn, roedd John a minnau wedi prynu pâr yr un o *Korean Combat Boots*. Roedd y rhain yn esgidiau trwm a gyrhaeddai'r pen glin. Gwisgid hwy dros esgidiau cyffredin. Aethom ar ein hunion i'r man lle'r oedd y peilon yn y Gellilydan, a chuddiwyd y car ar hen lôn ffarm oedd gerllaw'r peilon ond o olwg y briffordd. Roedd y jeli mewn bag bychan gyda hanner dwsin o ffrwydryddion a weiars, ac roedd batri pedair folt a hanner yn fy mhoced. Roedd hi'n noson dawel, a chydig o niwl yn hwyluso'r gwaith yn arw, gan nad oedd rhaid bod mor wyliadwrus. Wedi gwneud yn siŵr nad oedd neb o gwmpas ac wedi aros i'r goleuadau ddiffodd mewn dau neu dri thŷ cyfagos, dechreuwyd ar y gwaith.

Yn yr hen orsaf reilffordd cawsom afael ar ddwy hen raw, a buom wrthi yn cloddio tyllau o amgylch bonion coesau'r peilon. Gwnaethom y tyllau yn reit ddwfn, fel mai'r coesau a dderbyniai holl rym y ffrwydrad. Wedi tyllu, rhannwyd y ffrwydron yn bedwar. Rhoddwyd y rhain yn eu tro yn y tyllau, a chysylltwyd ffrwydryddion i bob un ohonynt. Cysylltwyd y pedwar twll â'i gilydd gyda weiren fel bod pob un, er yn annibynnol, wedi ei gysylltu ag un arall rhag ofn i un ohonynt beidio ffrwydro. Cysylltwyd dwy weiran wedyn o'r ffrwydron i'r hen bont, ac oddi yno roeddwn yn bwriadu ffrwydro'r cyfan. Tynnais y batri bychan o 'mhoced. Dywedais wrth John nad oedd pwrpas i'r ddau ohonom aros gan mai gwaith i un oedd ar ôl. Doedd hi ond yn fater o gysylltu dau ben y weiran i ddau derminal y batri a byddai llif y trydan yn ddigon i ffrwydro'r bom.

Rhybuddiais John i guddio'i glustiau rhag y sŵn oherwydd gwyddwn y byddai yna uffar o glec. Gwthiais fy nghorff yn dynn i'r ddaear nes teimlo'r mieri yn pigo fy wyneb, ac ar yr un pryd gwthiais y weiran i'r terminal. Y funud honno clywais gythral o glec nes oedd y ddaear y gorweddwn arno yn ysgwyd i gyd. Gwelais hefyd fflach sydyn o olau glas, a oleuodd y peilon am eiliad yn unig. Crynodd y peilon . . . hedodd darnau o fetel dros fy mhen a tharo to'r adeilad y cysgodai John ynddo . . . yna roedd y cyfan drosodd. Roedd y blydi peilon yn dal ar ei draed! Roedd ugain pwys o jeligneit wedi methu ei symud! Roedd y ddau ohonom yn methu deall beth allai fod wedi digwydd, ond o archwilio'r ffrwydron gwelsom mai dim ond un o'r pedwar bwndel oedd wedi ffrwydro. Rhaid bod y ffrwydrad wedi torri llif y trydan i'r tri bwndel arall. Doedd dim amser i ail-weirio'r bom, gan fod y ffrwydrad i'w chlywed gryn bellter i ffwrdd. Y peth gorau i'r ddau ohonom oedd dianc cyn gynted ag y gallem.

Cafwyd ychydig o gyhoeddusrwydd i'r weithred gan y papurau a'r teledu. Y prif reswm wrth gwrs oedd bod y weithred wedi digwydd dau ddiwrnod ar ôl i Emyr Llew gael ei garcharu yng Nghaerfyrddin. Rhoddodd y *Western Mail* sylw mawr i'r weithred drwy ddangos llun ar y dudalen flaen o'r peilon. Roedd papurau eraill yn talu sylw i'r holl weithredu, ac awgrymodd un bod y sefyllfa yng Nghymru yn *'explosive'*, a cheisiodd gymharu'r sefyllfa â chythrwfl Palesteina pan oedd yr Irgun yn weithredol.

Ein Bradychu a'n Restio

Ychydig ddyddiau wedi'r ffrwydrad, tra'n eistedd yn y caffi, sylwais ar ddyn yn pasio heibio'r ffenestr. Roeddwn yn siŵr i mi ei weld yn rhywle o'r blaen, a phan edrychais ar ei ôl gwelais ef yn mynd i Swyddfa'r Heddlu. I ddechrau methwn â meddwl ymhle y gwelswn ef o'r blaen, ac yna'n sydyn cofiais. Roedd lluniau wedi ymddangos yn y papurau dyddiol yn dilyn arestiad Emyr Llew, ac ymhlith lluniau'r Gestapo roedd yr wyneb hwn. Yn y llofft roedd gen i doriadau papur o'r achos, a phan es i i edrych arnyn nhw, gwelais mai'r dyn oedd y Ditectif Arolygydd Humphrey Jones, pennaeth C.I.D. Gwynedd. Y fo oedd yng ngofal y ffrwydrad yn Nhryweryn, ac mae'n bur debyg mai fo hefyd oedd ynglŷn â'r ffrwydrad yn y Gellilydan. Roedd hi'n amlwg bod rhywbeth pwysig yn ei ddenu i Bwllheli, ac yn fy nghalon gwyddwn ei fod wedi codi'r trywydd yn rhywle. Y peth olaf oeddwn i eisiau ar y funud oedd cael fy restio. Roedd Irene, er yn awr adref o'r ysbyty, yn dal yn wan, ac roeddwn yn siŵr y buasai'n torri ei chalon pe cawn fy restio. Roedd hi eisoes wedi dioddef digon.

Y peth cyntaf i'w wneud oedd ceisio rhybuddio John. Gan ei bod yn ddydd Mercher gwyddwn y byddai ym Mhwllheli rhyw ben o'r dydd. Gallwn ddweud wrtho bryd hynny. Hyd yn oed os oedd yr heddlu ar fy nhrywydd roedd siawns dda nad oedd ganddynt ddim yn erbyn John. Gobeithio iddo fod yn ddigon call i ddinistrio unrhyw ddarn o dystiolaeth a allai fod yn ddamniol. Doedd gen i ddim syniad sut y gallai'r heddlu wybod, os nad . . . yna fe'm trawodd. Rhaid bod rhywun wedi ein bradychu. Bradwr! . . . dyna'r unig ateb.

Pan ddywedais wrth Irene fod yna dditectifs yn y dre, ceisiodd fy nghysuro drwy ddweud mai ar ôl rhywun arall oeddynt. Bu'r ychydig ddyddiau nesaf yn rhai pryderus.

Ar y dydd Sadwrn (Ebrill 6ed), daeth llanc ifanc oedd yn fêt i T--- i'r caffi a dweud bod criw o blismyn wedi mynd a T--- tu ôl i'r sinema i gael gair hefo fo. Doedd dim rhaid iddo ddweud mwy, roedd gen i syniad go lew beth oedd ar y gweill. Roeddwn yn teimlo'r rhwyd yn cau, ond doeddwn i ddim yn ildio. Pe bai T--- a'r hogyn arall yn cau'u cegau, doedd gen i ddim bwriad i ddweud dim wrth y Gestapo.

Drannoeth roedd hi'n ddydd Sul y Gymanfa Ganu. Roedd cannoedd o bobl, hen ac ifanc, yn tyrru i Bwllheli. Roedd y caffi ar agor saith niwrnod yr wythnos, ac ar y Sul yma roedd busnes yn arbennig o dda. Yn wir roeddwn mor brysur fel na chefais lawer o amser i boeni am yr heddlu. Roedd y wraig yn y llofft newydd roi'r plant yn eu gwlâu. Er mwyn disgwyl i mi gau'r caffi, aeth Irene i edrych ar y teledu. Tua deg o'r gloch roedd y lle'n gwagio, ac roeddwn i wedi blino'n lân er yn reit blês efo'r diwrnod. Roedd y til i'w weld yn llawn beth bynnag.

Wedi cloi a bolltio'r drws ffrynt, a chloi'r ffenestri, dechreuais gyfri'r pres yn y til. Wrth roi'r pres yn fy mhoced, roeddwn i bron yn siŵr i mi glywed sŵn traed a sisial yn dod o gyfeiriad y gegin. Arhosais am ennyd i wrando . . . doedd dim sŵn yn y caffi, roedd y peiriannau wedi eu diffodd. Yna clywn sŵn traed yn dod i'r gegin. Dim ond un peth a fflachiai drwy fy meddwl . . . Plismyn! Drwy ddrws y gegin fe ddaeth rhes o blismyn. Dau mewn lifrai a phump yn eu dillad eu hunain.

Y cyntaf i siarad oedd Inspector Cledwyn Shaw, pennaeth plismyn Pwllheli.

'Nos da Williams,' meddai, yna pesychodd yn awdurdodol.

'S'mai Inspector?' meddwn innau. 'Fedra' i eich helpu chi?'

Ni ddywedodd neb ddim am funud, felly ychwanegais:

'Sori 'de. Os mai coffi ydach chi isho, 'dach chi dipyn bach yn rhy hwyr . . . mae gen i ofn 'mod i wedi troi'r peiriant *off*.'

' 'Dan ni ddim isho coffi, Williams,' meddai Inspector Shaw.

Rhwbiais fy ngên . . . 'Sigaréts 'ta?'

Llais arall a'm hatebodd. Perthynai i ddyn byr, wynepgoch a rhyw bigyn o drwyn yn sownd iddo. Gwisgai het a hen gôt law rad. Wrth siarad, estynnodd ddarn o bapur o'i boced:

'Dim sigaréts 'dan ni isho chwaith Williams, . . . y chdi . . . mae gen i warant yma i dy restio di.'

'Warant?' meddwn innau, fel pe bawn yn methu coelio'r peth. 'Pa warant?'

Ditectif Inspector Humphrey Jones siaradodd nesaf. Roedd o'n ŵr canol oed, dwylath a dwy fodfedd, a wyneb brown ganddo — awgrym ei fod wedi gweithio llawer yn yr awyr agored.

'Williams. Rhaid i mi eich rhybuddio chi eich bod yn mynd i gael eich cyhuddo o dorri i mewn i chwarel hydref diwetha, a dwyn detonetors. Enithing iw haf tw sêi iw mei sêi it, byt it mêi bî tecyn dywn and iwsd in efudens agenst iw.'

'Dwyn detonetors?' meddwn innau. 'I be faswn i isho dwyn detonetors?'

'Tyrd o'na Williams,' meddai'r gwynab coch. 'Mae'r ddau oedd hefo chdi yn barod yn y sels yn y Polis Steshon, ac maen nhw wedi gwneud stetments sy'n implicetio chdi.'

Roedd hyn yn dipyn o sioc, er nad oedd o ond i'w ddisgwyl os oedd T--- a M--- wedi eu restio. Doeddwn i ddim yn siŵr chwaith os oedd y ditectif coci, coch, yn dweud y gwir ai peidio. Gwyddwn ychydig am ddulliau'r heddlu o 'holi'. Y peth gorau i'w wneud oedd dal i bledio anwybodaeth.

'Wel Williams, mi fydd yn rhaid i ti ddod hefo ni i'r steshon,' meddai'r Coch. 'Mae gynnon ni isho gofyn rhai cwestiynau i ti.'

'Fedrwch chi ddim gofyn y cwestiynau i mi yma?' meddwn innau, gan geisio cario'r blyff i'w eithaf.

'Yli yma. Bygro hyn. (Roedd Y Coch yn dechrau colli ei dymer.) 'Dan ni ddim yn wastio rhagor o amser, 'dan ni wedi wastio digon yn barod. Cym on. Dwi yn dy arestio di Williams.'

'Wel, fedra' i ddim dod yn syth . . . mi fydd yn rhaid i mi fynd i ddweud wrth Irene eich bod chi isho gair efo fi, a rhaid i mi fynd â'r pres yma i fyny hefyd.'

'Dos i ddeud wrth dy wraig 'ta,' ebe'r coch.

Gwthiais fy ffordd drwy'r plismyn am y grisiau. Daeth pedwar ohonynt ar fy ôl. Agorais ddrws y lolfa a throdd hithau a gwenu arnaf:

'Ti wedi gorffen 'te?'

Diflannodd y wên pan welodd y pedwar plisman y tu

59

ôl i mi.

'Mae'r dynion yma isho 'gair' efo fi . . . rhaid i mi fynd i'r Polis Steshon.'

'O . . . o . . . o . . . dwi'n gweld . . . ' meddai. Roedd hi'n dal yn dda, ac yn dangos ychydig, ond nid gormod, o syndod. Ceisiais innau ei darbwyllo nad oedd hyn yn bwysig o gwbl, ac y buaswn i'n ôl yn o fuan. Agorais ddrws stafell wely'r plant. Roedd Griff yn chwyrnu ac un o'i freichiau yn hongian yn llipa dros erchwyn y gwely. Roedd Eirona yn hanner effro, wedi ei dallu am ennyd gan y golau. Caeais y drws, a dywedais 'Nos Da' wrth Irene, gan geisio ei chysuro y buaswn yn ôl ymhen dim.

Er nad yw Swyddfa Heddlu Pwllheli ond rownd y gornel i'r caffi, roedd gan yr heddlu ddau gar y tu allan i'r drws! Gwthiwyd fi i gefn un o'r ceir — *Hillman Minx* gwinau — a daeth pedwar plismon i'r car gyda mi. Aeth y car arall — *Austin Cambridge* du — o'n blaenau. Wedi teithio canllath, arhosodd y ddau gar y tu allan i Swyddfa'r Heddlu, a gwthiwyd fi yn ddiseremoni o'r car i mewn i'r adeilad. Fel arfer, un neu ddau o oleuadau fyddai yno ar y mwyaf, ond heno, roedd golau ym mhobman.

Aethpwyd â mi i stafell yn y cefn, ac yno dywedwyd wrthyf mai'r peth gorau oedd i mi ddweud y cyfan, i mi gael popeth drosodd. Atebais innau nad oedd yna ddim i'w ddweud ac nad oeddwn eisiau iddyn nhw wneud dim i fy helpu fi.

Neidiodd Y Coch ar ei draed — ei wyneb yn dechrau glasu. (Ei enw gyda llaw oedd Ditectif Sarjant Glanmor Williams.) Roedd o'n f'atgoffa i o hen dwrci a gadwai fy mam adref erstalwm.

'Drycha yma Williams,' meddai. ' 'Dan ni wedi

wastio digon o blydi amser yn dod o hyd i ti, os ydi hynny o ryw gysur i ti. 'Dan ni wedi bod yn chwilio ar hyd a lled Cymru am bwy bynnag sydd y tu ôl i'r busnes yma. Rŵan 'dan ni wedi dy ddal di.'

Roeddwn i bron marw isho chwerthin wrth edrych arno. Roedd yn sefyll yn ddramatig iawn gyda'i het wedi ei gwthio yn ôl ar ei gorun. Roedd un droed iddo wedi ei chodi ar gadair oedd o'i flaen, ac roedd yn ysgwyd ei fys wrth siarad, yn union fel athro yn dweud y drefn wrth hogyn drwg. Roedd ei lais undonnog yn codi cur pen, ac roedd yr ychydig amser y bu yn fy holi fel oes. Wrth ateb roeddwn i yn gwadu unrhyw wybodaeth am y ffrwydron a'r ffrwydradau, a'r diwedd fu i Ditectif Sarjant Glanmor Williams daflu'i het ar y bwrdd, a chyda rheg o sarhad aeth allan gan gau'r drws yn glep ar ei ôl.

Doedd yr un o'r lleill yn siarad rhyw lawer, a dweud y gwir doedden nhw ddim wedi cael llawer o siawns gan y Coch, ond Inspector Cledwyn Shaw oedd y nesaf i lefaru:

'Gwranda, Owen,' meddai.

Helô, meddwn wrthyf fy hun. Enwau cyntaf, wele'r sofft aprôtsh!

'Gwranda Owen, mi safi lot o drwbl i ni ac i chdi dy hun, os wnei di go-peretio efo fi.'

Gwrthodais ddweud dim wrtho, ac atebais bob cwestiwn a ofynnai, fel pe bawn yn hollol ddieuog. Wedi bod yn siarad fel hyn am chwarter awr dywedodd Ditectif Inspector Humphrey Jones:

'Duw annwyl . . . ewch â fo i'r llofft . . . gawn ni weld os siaradith o . . . tyrd 'laen Williams, ar dy draed boi.'

Yn araf codais ar fy nhraed, gan geisio gwneud golwg

wedi laru arnaf fy hun. Wrth ddilyn tri ditectif i fyny'r grisiau roeddwn yn pasio celloedd y steshon lle'r oedd T--- ac M--- yn cael eu cadw.

'S'mai Now?' meddai llais crynedig drwy un o'r drysau.

Bastards gwirion meddwn wrthyf fy hun; doeddwn i ddim am deimlo yn flin dros yr un ohonyn nhw os oeddynt wedi f'enwi mewn unrhyw ddatganiad i'r Gestapo.

I fyny'r grisiau â ni, ac i stafell fechan. Roedd desg enfawr ynghanol y llawr, a dwy gadair bob ochr iddi. Roedd cadair arall a chwpwrdd yn un o'r corneli, a dyna bopeth oedd ynddi. O'r nenfwd crogai bwlb llachar a oleuai'r stafell. Roedd y golau yn fy nallu y munud y cerddais i'r stafell, a chefais orchymyn i eistedd. Daeth Glanmor Williams, Y Cochyn, yn ei ôl.

'Reit Williams, get it off ior chest, mi fydd yn llawer gwell i chdi.'

'Am be 'dach chi'n siarad?' gofynnais innau.

'Ti'n gwybod yn iawn . . . ti wedi dy ddal.'

Wrth edrych o amgylch y stafell digwyddais sylwi ar focs pren orenj mewn un gornel. Suddodd fy nghalon. Hwn oedd y bocs ffrwydryddion a gawsom o'r chwarel. Y rhain oedd wedi eu claddu yng ngardd T--- yn Nefyn. Yn ymyl y bocs, roedd coil o weiran ffiws, a hefyd hen dun a ddefnyddiwyd i gladdu sgidia Emyr Llew yng ngardd T---. 'Frawd!' meddyliais, 'os nad ydy hyn yn dystiolaeth yn dy erbyn beth uffar sydd?'

Ni adewais i'm llygaid aros yn hwy nag eiliad neu ddwy ar yr offer, ond gadewais iddynt grwydro. Roedd hi'n amlwg bod yr holl offer wedi ei osod yno'n fwriadol i weld beth fyddai f'ymateb.

'Wyt ti wedi gweld bocs fel yna o'r blaen Williams?'

gofynnodd Inspector Shaw, gan bwyntio at y bocs orenj.

Cymerais arnaf fy mod yn edrych ar rywbeth arall, a phan welais focs matshys ar y ddesg o'm blaen, atebais ef:

'Do Inspector, miloedd ohonyn nhw . . . dwi'n gwerthu nhw yn y caffi.'

'Duw annwyl! . . . be ti'n feddwl ydan ni Owen bach? . . . Crancs neu rywbath?'

Chdi ddeudodd o mêt, nid fi, fu bron i mi ddweud. Pwyntiodd eto at y bocs:

'Ti'n gwybod pa blydi focs dwi'n feddwl. Hwnna ar y llawr . . . yn fan'na . . . sy'n llawn o ddetonetyrs . . . Fe est ti â nhw o'r chwarel, a'u claddu yn Nefyn . . . tyrd 'laen, deud wrtha' i . . . isho dy helpu di dwi.'

Roeddwn i jest â marw isho chwerthin o glywed hyn. Oedd o'n tybio mai ffŵl hollol oeddwn i? Roedden nhw'n amlwg yn trio hyn i geisio twyllo rhywun.

'O! Y bocs yna 'dach chi'n feddwl? Fedra' i ddim deud 'mod i wedi ei weld o'r blaen. Be ddeudoch chi oedd ynddo fo? . . . Ffrwydryddion? . . . Annwyl dad . . . dydyn nhw ddim yn beryg gobeithio!'

Edrychai'r tri yn syn arnaf. Estynnodd yr Inspector ddalen o bapur, ac ysgrifennodd rywbeth arni. Gwthiodd y papur ar draws y bwrdd. Edrychais arno. Ffurflen i wneud datganiad ydoedd.

'Waeth i ti ddechrau sgwennu Williams . . . mae'r ddau arall wedi gwneud *statements*, ac mae'r ddau yn deud yr un peth . . . maen nhw'n dy enwi di.'

'Dydy hynny yn golygu dim i mi,' meddwn innau.

Roedd hi rŵan yn hanner awr wedi dau yn y bore. Roeddwn i wedi bod efo nhw am bedair awr. Roeddwn i'n dechrau meddwl tybed a oedd Irene a'r plant yn cysgu? Sut oedd Irene yn cymryd hyn oll? Pryd y cawn ei gweld hi a'r plant? Fel pe bai'n darllen fy meddwl galwodd yr Inspector fi draw at y ffenest. Gallwn weld y fflat oddi yno. Roedd golau ym mhob stafell, hyd yn oed yn stafell y plant. Edrychais ar yr Inspector, ac meddai yntau:

'Mae 'na ddau o 'nynion i draw yna rŵan yn chwilio am unrhyw ddarnau o efidens . . . 'dan ni wedi deffro dy wraig a'r plant.'

Ychwanegodd: 'Wel. 'Dan ni wedi trio pob ffordd arall . . . ti'n rhy blydi styfnig . . . felly fe fydd yn rhaid iddyn nhw ddiodda.'

Ni allwn ei gredu am funud.

' 'Dach chi'n gwbod yn iawn fod Irene wedi bod yn sâl . . . pam ei deffro hi a'r plant? Does yna ddim byd yn y tŷ . . . Gadewch nhw i fod.'

'Fe ga'n nhw lonydd pan siaradi di,' meddai'r Coch.

'Dwi isho siarad hefo cyfreithiwr,' meddwn innau. Chwerthin wnaeth pob un ohonynt.

'Dwyt ti ddim yn cael siarad efo blydi cyfreithiwr nes y byddwn ni wedi gorffan efo chdi . . . wyt ti'n mynd i siarad? . . . mae fy 'mynadd i'n dechra pallu!'

Ysgydwais fy mhen. Roedd hi'n amlwg ei fod yn awr yn dechrau colli arno'i hun yn lân.

Dechreuodd weiddi: 'Ti a dy ffwcin Welsh Nashynalists . . . 'dach chi'n fy ngwneud i'n sâl . . . be 'newch chi pan laddwch chi rywun?'

Gafaelodd yn fy siaced, a meddyliais am funud ei fod am fy nharo. Gwthiais ei ddwylo ymaith, ac edrychais i fyw ei lygaid. Roedd 'y ngwaed i'n berwi a 'ngwyneb yn goch gan gynddaredd. Dan unrhyw amgylchiadau eraill buaswn wedi hanner ei ladd yn y fan a'r lle, ond y tro hwn atebais ef yn gwrtais:

'Rydw i'n gwybod fod eich geirfa chi yn brin, ond peidiwch iwsho geiriau amdana' i nac am fy ngwleidyddiaeth. Ac mae'n well gen i fod yn Nashynalist nac yn fradwr — fel rhai.'

Rhaid fod yr ergyd wedi cyrraedd oherwydd aeth o'r stafell heb ddweud gair. Bu distawrwydd am rai munudau, yna cefais gynnig cwpanaid o de. Gwrthodais.

'Sbia Owen bach . . . pam na wnei di gyfadda? . . . mi fyddi di'n arwr mawr wedyn . . . rŵan mae pawb yn meddwl mai terorist wyt ti.'

Ysgydwais fy mhen. Wedi chydig o fynd a dod, safodd Inspector Shaw o 'mlaen i.

'Rydw i wedi galw'r dynion o'r fflat,' meddai, 'os wnei di go-operetio efo fi, fe gaiff dy wraig a dy blant gysgu tan y bore . . . iawn?'

'Os 'dach chi wedi bod yn y fflat . . . 'dach chi wedi chwilio, ac wedi methu cael dim felly?'

Nodiodd Inspector Shaw ar Inspector Jones ac aeth hwnnw allan.

'Do, Williams . . . fe gawsom ni hyd i rywbeth yn dy fflat di.'

Daeth Inspector Jones yn ôl yn cario llwyth o lyfrau a phapurau newydd. Taflodd lyfr o'm blaen. Y llyfr oedd *The Red Path of Glory with the I.R.A. in the Fight for Freedom*.

'Be sydd a wnelo hwn â'r peth?' meddwn innau.

'Ddaethoch chi ddim â'r Beibl Cymraeg efo chi — neu oedd hwnnw ddim digon o efidens?'

Ni chymrodd arno ei fod wedi fy nghlywed.

'Mae 'na ragor o lyfra hefyd . . . llyfr Michael Collins . . . llyfr De Valera . . . hefyd mae yna lot o ddarnau papur newydd am Dryweryn a threial Emyr Llewelyn . . . maen nhw i gyd yn adio i fyny . . . o ia, roedd gen ti dêp recordyr bychan hefyd efo newyddion

65

am y treial wedi ei dêpio arno fo.'

Roeddwn i wedi anghofio'n llwyr am y tâp, ond fe wyddwn nad oedd hwnnw o werth mawr i'r heddlu, neu buaswn wedi ei ddinistrio cyn hyn. Aeth yr Inspector yn ei flaen:

'Mae'n amlwg nad ydi hi o werth i ni wneud dim efo chdi . . . dwyt ti ddim am ein helpu. Mi fydd yn rhaid i ni fynd draw i chwilio'r fflat eto . . . rhaid i ni godi dy wraig eto . . . ac yli mi falwn ni'r lle i ddod o hyd i be 'dan ni isho!'

Ceisiais ei ddarbwyllo eto nad oedd gen i ddim i'w guddio a gofyn a fuasent mor garedig â galw fy nghyfreithiwr. Gwthiwyd y darn papur dan fy nhrwyn unwaith eto — gwrthodais ysgrifennu arno. Cynigiwyd te a sigarèts i mi — gwrthodais y rheini hefyd.

Erbyn pump o'r gloch roedd y ddau heddwas wedi bod yn y fflat eto, a heb ddod o hyd i ddim. Roedd hi'n amlwg, wrth weld y wawr ar dorri, fod y diawlad yn barod i drio rhywbeth i 'nghael i i wneud datganiad. Dywedodd yr Inspector eu bod yn mynd draw unwaith eto, rhag ofn bod yna rhywbeth yr oedden nhw wedi ei fethu ei weld o'r blaen.

Roedd y cythraul yn gwybod ei fod wedi taro man gwan, a'r foment honno y sylweddolais gymaint yr oedd ambell i ddyn yn fodlon ei wneud, a galw hynny yn 'rhan o'i ddyletswydd'. Roedd hi'n amlwg fod hwn wedi gwerthu ei hun, gorff ac enaid, i Loegr.

'Y bastard,' meddwn, yn fwy wrthyf i fy hun nag wrth Y Coch.

'Sgwenna hyn i lawr,' meddwn wrth un o'r ditectifs ifanc. Edrychodd y lleill arnaf fel pe baent wedi cael sioc. Mae'n rhaid nad oeddynt yn disgwyl hyn. Roeddwn wedi cael fy holi'n solet am saith awr, ac er fy

66

mod yn teimlo fel pe bawn i wedi fy nhrechu yn llwyr, roedd yn well yn fy meddwl i na bod Irene a'r plant yn cael eu styrbio o hyd.

Dywedais wrth y ditectif mewn dwy neu dair brawddeg mai fi a fu'n gyfrifol am ddwyn y ffrwydron, a dywedais nad oedd a wnelo'r ddau arall ddim â'r peth. Dywedais yn fyr, hefyd, am fy rhan yn chwythu'r transfformer yn Nhryweryn, ac am y peilon yn y Gellilydan.

Roedd hi'n chwarter i chwech pan ges fy arwain i gell. Roedd hon yn un arbennig am fod yna ddwy giât gloëdig yn ei gwarchod.

Roedd hi'n anodd disgrifio'r teimlad a gefais wrth i'r giât glecian y tu ôl i mi. Hwn oedd y tro cyntaf i mi fod mewn cell erioed, ac roedd y teimlad yn union fel pe bai rhywun wedi fy nghladdu'n fyw. Roedd cael fy nghloi yn y fan honno am awr a hanner yn llawer gwaeth na'r flwyddyn a dreuliais yng ngharchardai Lloegr. Nid am fod y gell yma yn un fochynnaidd, ond am fy mod mor agos at adref, ac eto mor bell.

Yn Llys yr Ynadon

Pan dorrodd y wawr nid oeddwn wedi bod yn y gell ond prin awr, a choeliwch fi dyna'r awr hiraf i mi ei threulio erioed. Clywais sŵn traed ar y grisiau, a gwelais un o'r copars lleol yn dod at ddrws y gell. Dywedodd wrthyf am godi a rhoddodd fy 'mrecwast' i mi. Brecwast, myn uffar i! Paned o de a sleisan denau ar y diawl o fara menyn. Dywedodd wrthyf hefyd y byddwn yn ymddangos yn y llys y bore hwnnw i ateb y cyhuddiad o ddwyn y ffrwydryddion gyda M--- a T---. Dywedodd wrthyf hefyd y gallai yn awr ffônio cyfreithiwr ar fy rhan.

Gofynnais iddo ffônio John Roberts, a gofyn iddo hefyd ffônio Irene i ddod â rasel, sebon a lliain i mi. Doedd gen i ddim bwriad o gwbl i fynd i'r llys yn fudr.

Awr cyn yr achos y cafodd John R. ddod i'm gweld. Dywedodd mai'r unig beth a allai wneud oedd gofyn i'r llys am fechniaeth. Byddai hynny yn rhoi mwy o amser iddo baratoi amddiffyniad. Dywedodd y buasai'r heddlu yn siŵr o wrthwynebu mechniaeth am eu bod yn awyddus i 'nghadw i dan glo er mwyn iddynt gael llonydd i gasglu eu tystiolaeth, ond roedd o'n obeithiol y byddai'r fainc yn caniatáu mechnïaeth i mi a'r ddau arall.

Wedi i Mr Roberts orffen siarad â mi, roedd ychydig funudau ar ôl i mi siarad ag Irene. Ceisiais ei hargyhoeddi i beidio poeni'n ormodol. Dywedodd wrthyf fod yr heddlu wedi mynd â nifer o bethau o'r fflat, gan gynnwys nifer o ddillad. Roeddwn wedi synnu ei bod hi cystal, o ystyried popeth oedd wedi digwydd y noson cynt — roedd hi wedi ffônio 'Nhad a Mam i ddweud wrthynt 'mod i wedi cael fy restio. Roeddwn i'n bryderus braidd am y ddau ohonyn nhw. Roedd fy nhad yn saith deg dau ac nid oedd ef na Mam wedi cael y profiad o fod 'mewn trwbwl' efo'r heddlu. Cyn i mi fynd i'r llys cafodd fy nhad gyfle i'm gweld. Roedd hi'n amlwg ei fod yn casáu pob munud o'i ymweliad. Gallwn ei weld yn gafael yn dynn yn ei gap a'i droi rownd ei fysedd — rhywbeth na welais ef yn ei wneud erioed o'r blaen.

Cefais fy arwain i'r doc gan ddau dditectif a bu'r gwrandawiad yn un byr iawn. Roedd gan y tri ohonom gyfreithiwr yr un. Bu'r ynadon (tri Cymro lleol) yn barod iawn i ganiatáu mechniaeth o ychydig bunnoedd i'r tri ohonom a gallwn weld nad oedd hyn yn plesio'r plismyn. Roeddwn i'n teimlo'n ddigon hapus efo hyn, ac wrth i'r llys godi, daeth y Ditectif Inspector ataf a dweud,

'Paid â mynd — rydan ni'n restio chdi eto ar ddwy tjiarj arall!'

Am fod y ddau gyhuddiad arall yn ymwneud â sir arall, nid ynadon Pwllheli oedd i benderfynu. Fe'm gwthiwyd i stafell fechan wrth ochr y llys ac yno cefais fy nghyhuddo. Dywedwyd wrth fy nghyfreithiwr y byddwn yn cael fy nhrosglwyddo yn syth i Flaenau Ffestiniog, lle'r oeddwn i ymddangos gerbron Llys arbennig. Cyn cael fy nghludo i Stiniog yn y sgwad car cefais fwyta cinio a baratowyd yn arbennig gan Irene.

* * *

69

Hen adeilad oedd swyddfa heddlu Blaenau Ffestiniog. Yn rhyfedd iawn roedd agwedd aelodau o heddlu Stiniog tuag ataf yn llawer gwell nag agwedd plismyn Pwllheli. Roedd hi'n hollol amlwg fod nifer ohonynt yn cydymdeimlo'n fawr â'n hachos. Gofynnwyd i mi'n syth os oeddwn eisiau bwyd, a beth fuaswn yn ei hoffi. Cefais ddewis fy nghell, ac roedd y plisman ifanc a glodd y drws bron iawn yn ymddiheuro am wneud hynny! Cefais lyfrau a chylchgronau (a siars i'w cuddio rhag i'r 'chief' eu gweld!) a dywedwyd wrthyf y byddai John yn cael ei ddwyn yno'n fuan.

Roedd hyn yn sioc i mi, gan fy mod yn sicr bod John wedi llwyddo i ddianc, ond yn ôl pob tebyg, roedd o ym Mhenrhyndeudraeth yn aros i gael ei drosglwyddo.

Wrth ymolchi ac eillio drannoeth cefais gyfle i gael sgwrs â John. Roedd wedi cael ei restio y diwrnod cynt, ac yn anffodus, roedd y plismyn wedi cyrraedd ac yntau'n cario llond ces o ddeunydd i'w llosgi. Roedd y rhain yn cynnwys dau bâr o esgidiau, cynlluniau a nodiadau, a rhifau ceir rhai o aelodau C.I.D. Gwynedd.

Pan gyrhaeddodd John a minnau'r llys y bore hwnnw, cawsom fraw wrth weld cymaint o gefnogwyr wedi ymgynnull. Roedd John Roberts yn cynrychioli John yn ogystal â minnau. Fe fu cryn ddadlau o'r ddwy ochr ynglŷn â mechniaeth. Wedi hanner awr o drafod, dywedodd cadeirydd y fainc na allent ganiatáu mechniaeth, a'n bod ein dau i gael ein cadw mewn carchar am wyth niwrnod. Fe fu hyn yn gryn sioc. Yn yr Amwythig yr oedd y carchar agosaf, ac roedd y dref honno tua chan milltir o Bwllheli. Afraid dweud i'r ynadon ennyn dirmyg y dorf, a bu rhai cefnogwyr yn taflu tyweirch a cherrig at un o'u ceir.

Cyn i ni gychwyn am yr Amwythig, gofynnwyd i John

a minnau a oedd gennym ragor o ddeunydd ffrwydrol. Eglurodd John ei fod ef yn gwybod am ffrwydryddion a guddiwyd mewn mynwent yn Llanarmon a chyfaddefais innau 'mod i'n gwybod am rai ger camp Bili Bytlin, ac yng nghefn y caffi ym Mhwllheli.

Aethpwyd â'r ddau ohonom gyda'r heddlu i nôl y ffrwydron a chaniatawyd i mi gael deng munud yng nghwmni Irene a'r plant cyn cychwyn o Bwllheli.

Roedd John wedi dangos i'r heddlu lle'r oedd wyth gant o ffrwydryddion ym Mynwent Llanarmon. Lle saff i'w cadw — o leia doedd dim bradwyr yno!

Mewn sgwad car y cludwyd ni i'r Amwythig gyda thri heddwas. Yn eironig iawn bu'n rhaid i ni fynd heibio Tryweryn a chofiaf i un o'r heddweision ddweud, 'Dwn i ddim pam uffar ddaru chi chwthu'r transfformer pan oedd 'na drwch o eira ar y llawr!'. Cofiaf ddweud wrtho, 'Os 'dach chi'n meddwl y gallwch chi wneud yn well . . . croeso i chi drio!'

Bu'r heddlu yn dda iawn wrthym ni yr holl ffordd i'r Amwythig, a phan drosglwyddwyd ni i ofal hen sgriw i Birmingham, gwyddwn y gwelem eu heisiau yn syth. Arwyddwyd y dogfennau trosglwyddo, ac roedd hi'n amlwg pan glywodd yr hen sgriw yr heddlu yn ein cyfarch yn Gymraeg nad oedd hynny'n plesio.

Yn cynorthwyo'r sgriw yn y stafell dderbyn roedd dau 'red bandar' — carcharorion tymor hir yw'r rhain, sy'n ymddwyn yn dda, ac sy'n cael ymarfer rhai breintiau ychwanegol i'r rhelyw o garcharorion tymor hir. Roeddynt yn gwisgo band coch ar lewys eu siacedi.

Roedd pedwar llawr i'r carchar, ac wedi ein pwyso a'n mesur ar gyfer llyfrau'r carchar cawsom ein harwain i'r llawr uchaf — sef cartref pawb oedd ar remand a ffyrst taimars a'r Y.P.'s (carcharorion ifanc). Roedd hi'n

71

anodd credu wrth edrych i lawr o'r llawr uchaf, bod dros dri chant o garcharorion yn cael eu cadw mewn lle mor gyfyng. I John a minnau, roedd cael ein taflu i ganol criw o'r math yma yn sioc i'r holl system. Roedd yno lofruddion, treiswyr, rheibwyr, lladron — yn wir pob math o'r elfennau bryntaf o'r ddynolryw i mi eu cyfarfod erioed.

Am chwech o'r gloch drannoeth cawsom ein deffro gan weiddi a bangio. Wedi i'r sgriws gyfrif pawb cawsom rybudd mai dim ond ugain munud oedd i fynd tan amser brecwast ac agorwyd y drysau i gyd. Yna gwaeddodd 'slop out' ac yn syth dechreuodd pawb ruthro am y tai bach a'u pot yn eu dwylo. Yna ciwio y tu allan i'r tŷ bach a llond lle o ogla piso a charthion.

Ychydig o'r brecwast a lwyddais i'w lyncu. Uwd, tair sleisen o dorth, sbotyn o farjarîn a goulash. Uffernol! A dweud y gwir byddai'r gair 'uffernol' yn crynhoi fy nheimladau am yr wyth niwrnod a dreuliais yng ngharchar Amwythig.

Ar ôl i'r wyth niwrnod ddod i ben fe'n trosglwyddwyd i Flaenau Ffestiniog mewn Blac Maria. Roedd yna dorf wedi ymgasglu wrth y llys, ac ar un adeg gofynnodd un o'r sgriws i ni os oedd hi'n saff iddo fynd allan!

Cawsom ein cadw yn y celloedd yno nes oedd hi'n amser i'r llys ymgynnull. Ychydig funudau y buwyd yno pan orchmynnwyd ein cadw drachefn am wyth niwrnod.

Bu'n rhaid i ni dreulio pum wythnos yng ngharchar yn aros am ein hachos — y pythefnos gyntaf yn ein celloedd drwy'r dydd ar wahân i ugain munud o gerdded. Y drydedd wythnos cawsom ddechrau gwnïo bagiau post!

* * *

72

O'r diwedd, cawsom wybod gan ynadon Blaenau Ffestiniog y byddai'r achos traddodi yn dechrau ar Fai 10fed. Y noson honno, daeth sgriw Cymraeg atom, a dweud fod mêt i ni wedi cyrraedd yno. Doedd gen i ddim syniad pwy oedd o, ond fe gawsom bum munud o 'ryddid' gan y sgriw. Pan agorwyd y drws ni allwn gredu fy llygaid. Emyr Llew!

Roeddwn i'n meddwl ei fod yn Abertawe, ond eglurodd Emyr fod yr heddlu yn bwriadu dod ag ef i'n hachos ni. O'i chymharu â'r wythnosau blaenorol hedfanodd yr wythnos olaf.

Yr Achos

Yn gynnar yn y bore, ar ddydd cynta'r achos, rhoddwyd gefynnau am ein dwylo a'n taflu'n ddiseremoni i gefn Blac Maria. Roedd ei ffenestri i gyd wedi eu paentio yn ddu. Pan gyrhaeddwyd Blaenau Ffestiniog, roedd yno gannoedd o bobl yn ein haros, a bu tipyn o weiddi a chefnogi pan arweiniwyd ni o'r Blac Maria i'r llys.

'Sbiwch ar y petha bach hefo tshaenia am 'u dwylo drwy'r amser — bechod 'de,' meddai un hen wraig.

Gwenodd y ddau ohonom pan glywsom ei geiriau. Bu'n rhaid i'r sgriws a'r dreifar ddioddef tipyn o ddigofaint y dorf wrth geisio ein gwthio i gyfeiriad drws y llys. Edrychai'r tri yn reit ofnus.

Roedd Irene a'r teulu yn eistedd ym mhen blaen y llys pan gawsom ein harwain i mewn. Doedd Emyr Llew ddim wedi cyrraedd o'r Amwythig, a chlywsom efallai na fyddai yno am ddiwrnod neu ddau, gan ei bod hi'n debygol y byddai'r achos yn parhau am o leiaf tridiau i bedwar. Roedd John a minnau yn eistedd yn y ddwy gadair flaen drwy gydol yr achos, gyda'n teuluoedd yn eistedd yn y rhes oedd union y tu cefn i ni.

Roedd y dyddiau agoriadol yn llawn rigmarôl cyfreithiol. Yr erlyniad yn cyflwyno eu hachos, a galw eu tystion. Roedd hi'n ymddangos i mi nad oedd a wnelo'r arddangosion ddim â'r achos — wel y rhan fwyaf ohonyn nhw beth bynnag. Er enghraifft, cafwyd hyd i ddau neu dri o lyfrau yn y tŷ acw a gyflwynwyd fel tystiolaeth yn fy erbyn. Eu teitlau oedd *Bloody Sunday* a *The Red Path to Glory* — sef hanes gwrthryfel yr Iwerddon ar ffurf dyddiadur. Fedra' i ddim dirnad hyd heddiw beth oedd a wnelo'r rhain â'r achos, oherwydd gwn fod yr un llyfrau ar silff aml i weinidog ar hyd a lled Cymru! Rydw i'n siŵr mai bwriad yr erlynydd oedd ceisio dylanwadu ar yr ynad, y rheithgor a'r barnwr yn eu tro.

Yn ystod yr achos traddodi, roedd Irene yn teithio bob dydd o Bwllheli. Roedd Teleri Bethan wedi dod adref o'r ysbyty, a thra oedd Irene yn yr achos, roedd un o genod y caffi yn gwarchod i ni. Roedd Irene yn sicr y cawn fechniaeth y tro hwn, ac roeddwn innau yn gobeithio hynny hefyd, am fod yr achos wedi dechrau effeithio ar iechyd fy nhad.

Galwyd degau o dystion gan yr erlyniad, ac ar yr ail ddydd galwyd y llanc fu'n ein cynorthwyo i wthio'r car drwy'r eira. Mae'n debyg bod yr erlyniad yn siŵr y byddai'n tystio ar ei lw iddo weld John a minnau gydag Emyr Llew noson y ffrwydrad. Tyngodd ei lw, a gofynnwyd iddo a oedd yn adnabod y dynion y bu yn eu cynorthwyo, ac a oedd un neu fwy ohonynt yn y llys.

Edrychodd o'i amgylch yn nerfus a llygadodd y ddau ohonom. Trodd at yr erlynydd:

'Dydw i ddim yn meddwl,' meddai.

'Dowch rŵan . . . edrychwch yn iawn,' meddai'r erlynydd wrtho.

'Na fedra' i ddim bod yn siŵr . . .'

'Ydych chi yn berffaith siŵr?'

'Ydw.'

Cododd ton o sisial drwy'r llys. Galwodd yr erlynydd rai o uwch-swyddogion yr heddlu ato, ac wedi ychydig

75

eiliadau o sibrwd gwyllt, aeth dau dditectif allan o'r llys. Ymhen ychydig eiliadau daethant yn eu holau gydag Emyr Llew. Aeth y lle'n ferw gwyllt. Roedd nifer o gyd-fyfyrwyr Emyr Llew yn y llys a dechreuodd pawb guro dwylo a gweiddi.

'Silence in Court!' gwaeddodd cadeirydd y fainc, ond doedd gan y creadur ddim gobaith. Neidiodd un ditectif hunanbwysig ar ei draed a'i chychwyn hi am y dyrfa, ond baglodd dros amryw gadeiriau a mesurodd ei ddwylath y llawr i gyfeiliant 'Hwrê!' anferth o du'r cefnogwyr. Cynddeiriogodd y brawd ac aeth nifer o blismyn gydag ef i gefn y llys i geisio tawelu'r gwrthdystiad.

Cyhoeddodd cadeirydd y fainc ei fod yn bwriadu clirio'r llys os nad oedd pawb yn tawelu. Yn raddol distawodd pawb — gydag un eithriad. Llusgwyd un athro o'r llys gan nifer o blismyn am weiddi 'Cymru am Byth!'. Gwaharddwyd ef rhag dychwelyd i'r llys am weddill yr achos, a'r dydd canlynol roedd yna nifer o'i ddisgyblion wedi dod i gefnogi! Roedd hi'n braf gweld llafnau un ar bymtheg yn ymddiddori yn yr achos.

Llwyddodd yr heddlu i gael un tyst oedd wedi adnabod Emyr Llew, ac ar ôl tystiolaeth hwnnw, aethpwyd ag Emyr yn ôl i'w gell. Roedd hi'n amlwg fod yr heddlu yn ofni gwrthdystiad pellach. Yn fuan wedi hyn gohiriwyd y llys tros ginio.

Rhoddwyd John a minnau mewn cell drws nesa i Emyr. Cyn bo hir roeddem yn gweiddi ar ein gilydd.

'Shw mae'n mynd bois?' gwaeddodd Emyr.

'Iawn,' gwaeddais yn ôl.

O dipyn o beth ddatblygodd y sgwrsio i ganu, a chyn hir roeddem ein tri yn canu nerth esgyrn ein pennau, ac yn curo'n traed i gyfeiliant 'Gwŷr Harlech'. I'n cadw'n dawel daeth yr heddlu â chinio i John a minnau. Gan fod Emyr Llew eisoes wedi ei ddedfrydu, doedd dim rheidrwydd ar yr heddlu i'w fwydo, ond fe gafodd bryd yn y man gan un o'r sgriws a ddaeth gydag ef o'r Amwythig.

Wedi bwyta cinio, gofynnais i un o'r sgriws a gawn ganiatâd i gael sgwrs gydag Emyr. Gwrthododd i ddechrau, ond wedi ychydig o berswâd, cefais fynd i'w gell am bum munud.

Yn yr ychydig funudau hynny dywedodd wrthyf ei fod yn fwriad ganddo i fynd ar streic newyn petai John a minnau yn cael dedfryd hir o garchar. Gwyddwn ei fod o ddifrif, ac roeddwn i'n edmygu ei ddewrder. Nid peth hawdd yw gwrthod bwyta mewn carchar yn enwedig yn Lloegr gan fod dulliau'r sgriws o fwydo gorfodol yn annynol mewn rhai carchardai. Ychydig a wyddwn wrth ffarwelio ag Emyr yn y gell na fuaswn yn ei weld wedyn hyd y 'Dolig canlynol. Cyn i'r llys ailddechrau, roedd ar ei ffordd yn ôl i'r Amwythig.

Ychydig o gynnwrf a gafwyd gweddill yr achos, ac ar ddiwedd tridiau o achos trosglwyddo, cafodd John a minnau fechniaeth o £700 yr un. Roedd yr achos mawr i ddechrau ym Mrawdlys Meirionnydd yn Nolgellau ar yr 20fed o Fehefin, 1964.

Gydag ochenaid o ryddhad y clywais am y fechnïaeth, gan fy mod wedi poeni cryn dipyn am Irene a 'Nhad. Roedd hi'n galonogol hefyd gweld cynifer o bobl yn cynnig arian yn feichafon trosom. Roedd yno ffermwyr, darlithwyr, doctoriaid, athrawon . . . ac yn y llys y diwrnod hwnnw, roedd £5,000 wedi eu cynnig gan gefnogwyr. Roedd hi'n galondid o'r newydd i ni wybod fod yna bobl yng Nghymru oedd yn cefnogi ein

77

gweithred yn Nhryweryn.

Digwyddodd un peth arall, cyn i ni adael y llys. Galwodd cadeirydd y fainc ar Irene ac ysgydwodd ei llaw.

'Gewch chi o adra efo chi rŵan,' meddai wrthi.

Gadawsom y llys law yn llaw. Rhuthrodd cefnogwyr atom o'r dyrfa enfawr. Roedd hi'n fendigedig i fod yn rhydd yn yr awyr iach heb y gefynnau . . . dim ond llaw Irene yn gafael yn dynn yn fy llaw innau.

I ffwrdd â ni am Bwllheli, adra, a'r plant. Roedd yno un yn arbennig iawn — fy merch fach; doedd hi ddim yno pan adewais bum wythnos ynghynt. Wrth ddisgyn o Ffestiniog am Faentwrog, gallwn weld cymaint o wahaniaeth a wnaethai pum wythnos i'r wlad. Roedd y coed yn eu gwisg o wyrdd ir, a'r dolydd hwythau'n arddangos eu carped moethus newydd. Roedd yr haul yn taro'n boeth ar y car. Roeddwn yn rhy hapus i siarad. Roeddwn i'n teimlo'n saff ynghanol y mynyddoedd gwgus a ffiniau'r iseldir iach. Ond roedd tipyn o wahaniaeth rhwng yr olygfa hon a muriau moelion carchar hyll y Sais.

O'r diwedd, Pwllheli! Rhuthrais i'r tŷ y munud yr arhosodd y car, gan gymryd y grisiau fesul dwy a thair. Yno yn ei chot roedd Teleri Bethan, mor ddiymadferth a phrydferth, ac mor debyg i Eirona pan oedd hithau'n fabi.

Cefais groeso adref gan Beti, un o'r cynorthwywyr yn y caffi, a'r un a fu'n gwarchod y plant yn ystod yr achos. Un arall a fu'n driw i ni am bedair blynedd oedd Hefina. Bu'r ddwy yn gefn mawr i Irene a minnau. Cefais groeso hefyd gan y plant, ac un o'r cwestiynau cyntaf oedd,

'Fyddwch chi yn mynd i ffwrdd i weithio eto Dad?'

Bu'r wythnosau canlynol yn felys. Glan y môr bron

bob dydd, ac Irene yn gwella drwyddi fel âi'r dyddiau heibio. Roedd y chwerthin wedi dychwelyd i'w chalon yn union fel yr oedd cyn helynt Tryweryn, a chyn yr afiechyd a'i goddiweddodd cyn, ac yn ystod genediaeth Teleri Bethan. Ond nid oedd y llawenydd i barhau.

Tua diwedd mis Mai, aeth Irene â Bethan i'r clinig lleol. Ychydig a wyddwn wrth ei gwylio yn mynd trwy'r drws y bore hwnnw na fyddai pethau fyth yr un fath ar ôl ei hymweliad. Roedd hi'n agos i ddagrau pan ddychwelodd. Roedd y meddyg wedi dweud wrthi am fynd a'r plentyn ar unwaith i Fangor i gael Pelydr-X. Ceisiais ei chysuro drwy ddweud efallai fod hyn yn beth naturiol i blant oedd yn cael eu geni'n gynnar, ond roedd Irene yn bendant sicr bod rhywbeth mwy na hynny'n bod. Yn ddiweddarach aethom i Fangor. Roedd y canlyniadau yn echrydus. Roedd yn rhaid i Bethan gael llawdriniaeth ar ei hymennydd ar unwaith.

Mae'n debyg fod y siawns i blentyn newydd-anedig gael hidroceffalws tua miliwn i un, ond ceisiodd y llawfeddygon ym Mangor ein cysuro drwy ddweud fod arbenigwr ar y clefyd yn Alder Hey, a bod gobaith yn gallai hwnnw ein cynorthwyo.

Aethom yn y car i Alder Hey, ac eglurodd y llawfeddyg wrthym mai siawns fechan oedd ganddo i wella Bethan. Cyn y driniaeth, dywedais wrth Irene am beidio codi ei gobeithion yn ormodol — gobeithio am y gorau ond bod yn barod i ddisgwyl y gwaethaf. Cofiaf yn dda i Irene brynu tegan meddal anferth i Bethan wrth i ni frysio yn ôl i'r ysbyty. Wedi cyrraedd, roedd hi'n dal yn y theatr. Ymhen ychydig, anfonodd y llawfeddyg un o'i gynorthwywyr i ddweud wrthym fod y driniaeth wedi methu, ac nad oedd gobaith i Bethan fyw yn hwy nag ychydig fisoedd. Gyda chalon drom y gadewais yr ysbyty. Roedd yr effaith a gafodd y newyddion ar Irene yn syfrdanol. Dim ond tair wythnos oedd yna hyd Fehefin 20fed — dyddiad yr achos yn Nolgellau — ac roeddwn i'n arswydo wrth feddwl beth fyddai'r effaith arni pe bawn yn cael tymor hir o garchar yno.

* * *

O'r diwedd gwawriodd dydd yr achos yn Nolgellau. Roedd sir Feirionnydd yn ei holl ogoniant y bore hwnnw. Yr haul yn taro'n boeth ar yr aceri a hebryngai'r ffordd fawr o Drawsfynydd i Ddolgellau.

Roedd nifer o bobl wedi cyrraedd y dre o'n blaenau, er ein bod ninnau oriau lawer yn gynnar, a chawsom drafferth cael hyd i le i barcio'r car. O'r diwedd cawsom gilfach hwylus heb fod nepell o'r gwesty lle'r oeddwn i gyfarfod â'r bargyfreithiwr, Phillip Owen Q.C., oedd yn fy nghynrychioli i, a Mr Waterhouse Q.C. oedd i gynrychioli John.

Gofynnodd Phillip Owen i mi a fuaswn yn fodlon dweud wrth y llys fy mod yn edifar am fy ngweithred. Fy ateb syml a phendant oedd 'Na'.

Fe wylltiais yn gacwn pan welais gyfeiriad mewn un erthygl Saesneg . . . '*Williams made a meek apology to the court at his trial . . .* ' Dim ond dau air arall a lefarais drwy gydol yr achos — sef 'Euog' pan ofynnwyd i mi bledio, a 'Dim' pan ofynnwyd i mi oedd gen i rywbeth i'w ddweud. Ymddangosodd yr erthygl pan oeddwn yn y carchar, pan oedd hi'n amhosibl i mi amddiffyn fy hun yn erbyn y fath gyhuddiad celwyddog.

Y barnwr yn yr achos oedd y Barnwr Elwes, ac roedd hi'n amlwg nad oedd y plismyn am gymryd unrhyw siawns. Roedd yna ugeiniau ohonynt ar hyd y dref, a thorf dda o gefnogwyr hefyd. Wrth i ni gerdded i gyfeiriad y llys, roedd yna dyrfa enfawr yn disgwyl cael mynediad. Rhoddwyd John a minnau yng ngofal dau sgriw a ddaethai yno o'r Amwythig. Aethpwyd â ni i'r doc, ac ymhen ychydig funudau daeth y barnwr i'w sedd. Gwisgai wig wen a chlogyn llaes at ei draed. Eisteddodd yn ei 'bulpud', a chwarddais wrth gymharu'r brawd â phregethwr yn yr hen gapel erstalwm! Pob peth yn debyg ond y wig!

Roedd agwedd y barnwr yn iach o'r dechrau. Ei eiriau cyntaf wrth ddiolch am y croeso a gafodd oedd canmol sir Feirionnydd, ac roeddwn i'n amau i ddechrau ei fod am wneud araith wleidyddol!

Emlyn Hooson C.O. oedd yn erlyn. Eglurodd gefndir achos Tryweryn i'r barnwr, a'r holl wrthwynebiad a fu o du'r awdurdodau lleol a'r pleidiau gwleidyddol i'r boddi. Yna amlinellodd yr achos yn ein herbyn.

Aeth Phillip Owen i'r afael â'r achos yn llawer dyfnach. Amlinellodd ef y cefndir moesol yn ogystal â'r cefndir gwleidyddol. Siaradodd Mr Waterhouse yntau dros John.

Dywedodd y barnwr fod gennym . . . *'a perfectly intelligible grievance'* ac yna ' . . . *if I could have in any way an assurance that there would be no more resort to criminal offences in order to ventilate these grievances, it would make my task much easier and less painful . . . '*

Addawodd John na fuasai'n defnyddio dulliau treisiol eto a chafodd ei roi ar brofiannaeth am dair blynedd.

Yna trodd ataf i ddweud: *'You should consult with others who share the same views as yourself and in whom you have confidence. I am letting you out on bail as I regard it essential in the interests of justice and fair to you.*

It is a very fine thing for you to be proud of your country and to be proud of your race. It is a fine thing to wish to be independent. But, it is not a fine thing to abandon democratic purposes towards that laudible end, even if these processes do not seem to work very well. It is an imperfect world we live in, and people who have to make decisions for us do not always make decisions we like. We just have to accept them, whether we like it or not, because that is the democracy of Wales.'

Digon hawdd i ti siarad mêt, bu bron i mi ddweud, ond pa ddemocratiaeth? Yn *Lloegr* y penderfynwyd boddi Tryweryn, a *Saeson* a'i boddodd yn wyneb gwrthwynebiad gan y Cymry.

Dywedodd y barnwr ei fod am ohirio'r ddedfryd arnaf hyd Orffennaf 1af. Yr oedd am fy rhyddhau ar fechniaeth hyd y dydd hwnnw. Roedd hyn yn beth rhyfedd iawn iddo'i wneud, a bu curo dwylo byddarol yn y llys. Nid oedd John na minnau wedi dychmygu wrth yrru i Ddolgellau y bore hwnnw y byddai'r ddau ohonom yn cerdded o'r llys a'n traed yn rhydd — wel bron yn rhydd o leia. Roedd y cyfan drosodd i John, ar wahân i dair blynedd o brofiannaeth. Fe ddywedodd wrthyf wedi hynny y buasai'n well ganddo fod wedi ei garcharu am flwyddyn.

Cawsom bryd o fwyd yn un o gaffis Dolgellau gyda thyrfa dda o gefnogwyr. Roedd fy nhad ac Irene yn ffyddiog na fyddai'n rhaid i ni wynebu tymor o garchar wedi'r cyfan.

Y Llun canlynol, roedd y *Western Mail* yn cyhoeddi fel prif stori fod Emyr Llew wedi dechrau streic newyn ers dydd Gwener. Adroddwyd ei fod wedi ei drosglwyddo o'r Amwythig i Walton yn Lerpwl, gan nad oedd y darpariaethau meddygol yn yr Amwythig i'w orfodi i fwyta. Cafodd y stori gryn sylw gan wasg Lloegr — rhoddodd y *Daily Mail 'STUDENT ON HUNGER STRIKE'* yn bennawd bras ar ei ddalen flaen gyda llun o Emyr a stori Tryweryn.

Wedi pum niwrnod o newynu, adroddwyd ei fod yn gwanychu, ac y byddai awdurdodau'r carchar yn ei fwydo'n orfodol drannoeth. Caniatawyd i'w dad a'i weinidog fynd i'w weld y dydd hwnnw. Wedi'r sgwrs, cyhoeddwyd y byddai'r streic newyn yn dod i ben drannoeth. By ymlyniad Emyr Llew i frwydr Tryweryn yn gadarn i'r diwedd. Roedd ei brotest i'w chlywed hyd yn oed o garchar. Roedd Emyr yn un o'r ychydig prin hynny a roddodd ei wlad o flaen ei dyfodol. Fe wyddai y gallai tymor o garchar effeithio ar ei ddyfodol fel myfyriwr, ac yn ystod ei garchariad bu sôn na fyddai'r awdurdodau Coleg yn caniatáu iddo ddychwelyd i'r Brifysgol pe câi ei ryddhau.

Roedd yna rhai pobl yn credu ein bod yn gweithredu er mwyn yr hwyl a'r 'cics' ond mi allaf sicrhau fod ystyr gwahanol i'r gair 'Tryweryn' i mi. Gallaf grynhoi fy nheimladau am Dryweryn i dri gair: poen, pryder a thrasiedi. Y mae'r geiriau yma'n crynhoi'r cyfan i mi. Gŵyr eraill a brofodd boen, pryder a thrasiedi am ba beth y soniaf.

Roedd dydd yr achos yn nesáu. Roeddwn i wedi paratoi fy hunan garchar y tro hwn . . . roeddwn i'n argyhoeddedig pe bai'r barnwr eisiau fy rhyddhau, y buasai wedi gwneud hynny yn Nolgellau. Roedd Irene a minnau wedi dweud wrth y plant fy mod yn mynd i ffwrdd am beth amser — yr esgus roddwyd oedd i nôl digon o bres i brynu ceffyl iddynt. Mor hawdd yw twyllo plant! Mewn dau funud doedd dim llawer o ots os oedd Dad yn mynd i ffwrdd am ychydig os oedd yna geffyl ar y ffordd!

Fe fu nifer o'r papurau yn sôn am yr achos ac yn adrodd yn arbennig yr hyn a ddywedwyd gan y barnwr. Pennawd y *Daily Herald* oedd, *'Judge hints at deal with saboteur'*, ac aeth ymlaen i ddyfynnu geiriau'r Barnwr Elwes; dywedodd hwnnw buasai'n haws iddo ddedfrydu pe câi sicrwydd na fuaswn yn cyflawni gweithred o'r fath eto. Roedd y rhan fwyaf o'r papurau gyda phenawdau o'r fath neu un megis *'GRIEVANCE JUSTIFIABLE'*.

Ddeuddydd cyn yr achos — dydd Sadwrn — aeth Irene a minnau i Ffair Cricieth. Yn Ffair Cricieth yr aethom gyda'n gilydd gyntaf yn 1958, ac yn awr chwe blynedd yn ddiweddarach roeddem yno eto gydag un gwahaniaeth mawr — roedd Griff ac Eirona gyda ni y tro hwn.

Roedd hi'n braf gweld y plant yn mwynhau eu hunain. Ychydig a wyddent beth a'u hwynebai. Cythraul o beth yw carchar. Nid yw doc y llys na moelni cell ond dechrau'r dioddef, ac nid y carcharor yw'r unig un i ddioddef. Mae'r dioddefaint yn taro'n greulon, y diniwed sy'n dioddef — ac fe bery'r dioddefaint os yw person yn euog ai peidio. Yn achos Tryweryn pwy oedd yn euog? Gadawaf i chi benderfynu. I mi, fe gostiodd Tryweryn yn ddrud — fe lifodd y dagrau ac fe holltwyd calonnau . . . bûm ar erchwyn dibyn gorffwylledd aml i dro. Rhy hawdd i mi, wrth edrych yn ôl, yw dweud: 'Do fe fûm i'n blydi ffŵl . . . mae'n wir ddrwg gen i.' Ond fe fyddwn i'n anonest â mi fy hun pe bawn i'n dweud hynny. Roedd mynd i Dryweryn yn rheidrwydd. Rhywbeth yn nwfn y galon a'm hanfonodd yno. Y rhywbeth hwnnw sy'n ein gorfodi i godi ar ein traed a sefyll fel dynion yn lle byw ar ein gliniau.

Mae gen i gof byw o'r noson olaf i mi ei threulio adref.

Cafodd y plant aros ar eu traed yn hwyr — oherwydd fe wyddwn na fyddem gyda'n gilydd fel teulu am yn hir iawn wedi iddyn nhw fynd i'r gwely y noson honno. Fe wyddai'r ddau ohonom na fyddai cwsg yn dod yn hawdd. Treuliasom oriau yn siarad am y gorffennol a'r amser hapus a gawsom. Y peth olaf a ddywedodd wrthyf oedd ei bod yn falch ohonof am y modd y bu i mi sefyll fel dyn.

Roeddwn ar fy nhraed ar doriad gwawr drannoeth a dechreuais gasglu ychydig o bethau i fynd gyda mi. Roedd gen i ddarlun o Irene, Eirona a Griff a chedwais hwn gyda mi drwy'r amser y bûm yn y carchar. Roedd gen i gês bychan hefyd ac ynddo gyrsiau addysgol ar economeg, hanes economeg a daearyddiaeth. Yn y cês hefyd roedd brwsh dannedd, rasel, brwsh shafio a sebon, a dyddiadur.

Wedi brecwast, cychwynnwyd am Ruthun. Yr oeddwn i wynebu'r llys am y.r unfed tro ar ddeg ers Ebrill 7fed! Achos byr fu hwn gan fod y barnwr eisoes wedi treulio rhai dydiau yn adolygu'r achos. Cyflwynwyd y dadleuon dros y ddwy ochr yn fyr iawn. Yna siaradodd y barnwr.

Dyfynnaf yn y Saesneg gwreiddiol: *'I wish you to understand, as I think there is some danger of you having misunderstood, that I am not concerned to consider whether your grievance was just or not. It is not for me to decide whether your grievance arising from purely political views was a just one. It is very important that courts should not meddle in that.*

'I can not accept the blowing up of a pylon was not, to some extent an act of defiance. Your associate had been sentenced to twelve months and the first thing you do is to go out and blow something else up. I must tell you that the

85

manifesto I was shown gave me some anxiety. I was invited to record it as something which mitigated your offence in that you and those with you had bound yourselves not to endanger life, but, that was not the central purpose was that you yourselves to commit those very serious crimes.'

Yna gofynnodd i mi os oedd gen i rywbeth i'w ddweud cyn iddo fy nedfrydu. Atebais innau, 'Dim byd.' Aeth yn ei flaen.

'Like Justice Barry, who sentenced your associate Emyr Jones, I find this a very grevious task, and one I will be very glad to be relieved of.

'I have to consider the fact that you went out to blow something else up as soon as your associate was sentenced. I have to take this into account, and you must regard as considerable leniency the fact that I shall not impose a term of imprisonment longer than your associate's. I sentence you to twelve months imprisonment on each of these charges . . . the sentences to run concurrently.'

Y munud y gorffennodd y barnwr gafaelodd y sgriw ynof a dywedodd, 'Tyrd!'

Cyn camu i lawr y grisiau i'r celloedd islaw, edrychais ar resi o wynebau llwydion a eisteddai yn y llys. Ceisiodd Irene wenu arnaf ond gwyddwn ei bod ar fin crio. Edrychai fy nhad fel gŵr wedi ei siglo i'w seiliau. Roedd pawb arall yn hollol fud. Mae'n debyg mai dyma'r unig ffordd o ddangos parch tuag at Gymro Cymraeg a gafodd ei ddedfrydu i flwyddyn yng ngharchar y sais gan farnwr o Sais mewn llys yng Nghymru!

Rwy'n cofio meddwl am fynd i lawr y grisiau, pe bai cenedlaetholwr wedi cael ei ddedfrydu mewn unrhyw wlad arall mae'n debyg y buasai'r barnwr wedi cael ei saethu neu ei grogi gan y criw cefnogwyr — ond nid yng Nghymru fach! Onid dyna un o drasiedïau Cymru? Digon o gefnogwyr ond dim gweithredwyr. Rhoi punt neu ddwy at yr achos . . . ond gweithredu?

Cefais fy arwain i gell fwya mochynnaidd, y gell dywyllaf, ffieiddiaf a'r leiaf y bûm ynddi erioed. Roedd hi'n amlwg, yn ôl yr ogla, bod rhywun wedi chwydu ei gyts hyd-ddi rywbryd.

'Fyddi di ddim yma'n hir,' meddai sgriw.

'Diolch i Dduw am hynny,' meddwn wrtho. 'Ma' isho blydi gasmasg yma.'

Cefais gyfle i gael sgwrs fer gydag Irene cyn cael fy nghludo oddi yno, a chefais air gyda 'Nhad a 'mrawd. Y munud y gadawsant, cefais fy ngwthio drwy ddrws ochr i gefn Blac Maria. Roedd dwsinau o blismyn a directifs yn ei hamgylchynu. Refiodd y dreifar yr injan a rhuthrodd nifer o gefnogwyr am y fan. Ond ymhen ychydig eiliadau yr oeddem yn gyrru i gyfeiriad Llangollen. Ceisiais godi fy mreichiau ar y dyrfa, ond roedd y gefynnau yn ei gwneud hi'n anodd.

Yr unig beth a gofiaf am y siwrnai oedd ein bod wedi croesi Bwlch yr Oernant — y tro cyntaf erioed i mi ei groesi. Rhyfedd oedd gyrru trwy un o ryfeddodau Cymru, ar fy ffordd i garchar y Sais!

Nôl i Garchar yr Amwythig

Yn hwyr y prynhawn hwnnw cyraeddasom yr Amwythig. Yr unig wahaniaeth yn y 'derbyniad' y tro hwn o'i gymharu â'r tro blaen oedd fy mod yn gwisgo siwt y carchar ar ôl cael fy mhwyso a chael bath. 287 oedd fy rhif o hyd ac ysgrifennwyd hwn ynghyd â'm enw, crefydd a hyd yn oed fy nedfryd ar gerdyn bychan. Rhoddwyd y cerdyn wedyn uwchben drws fy nghell.

Rwy'n cofio'n dda drannoeth y ddedfryd. Daeth J---- o Ll----- ataf yn y stafell wnio a dweud fod gan un o'r bechgyn rywbeth i mi.

'Beth?' gofynnais iddo.

Pwyntiodd i gefn yr ystafell a gwelais un o'r carcharorion yn gwenu arnaf.

'Yer famous now Taff,' galwodd, a chyda hynny, taflodd ddarn o ddefnydd bagiau llythyrau ataf. Yn y defnydd roedd hanner dalen flaen y *Daily Express* am y bore hwnnw. '*SABOTEUR IS JAILED*' sgrechiai'r pennawd bras, ac yna rhoddwyd disgrifiad manwl o holl weithgareddau'r llys y diwrnod cynt.

Am ychydig ddyddiau yn unig y bûm yn yr Amwythig. Yr oeddwn i gael fy symud i Drake Hall, ger Stafford. Ni chefais wybod y rheswm pam, er i F--- ddweud wrthyf bod tua hanner dwsin o sgriws wedi bod yn dweud wrth rai o'r carcharorion eu bod am fy nyrnu y cyfle cyntaf gaent.

Carchar agored oedd Drake Hall, ac ar yr olwg gyntaf roedd yn debyg iawn i garchar rhyfel o eiddo'r Almaenwyr neu'r Eidalwyr. Yr oedd rhaid ni basio rhai profion, gan gynnwys profion meddygol, cyn cael ein derbyn i Drake Hall. Os oedd gan ddyn record o droseddau rhywiol, neu unrhyw afiechyd rhywiol — câi ei anfon yn ôl i garchar yn syth.

Fodd bynnag, cefais fy rhoi yn y gegin — o ran oriau hon oedd y job waethaf. Codi am 5.30 bob bore a gweithio hyd 6.00 (weithiau 8.00) o'r gloch y nos. Roedd yn ddiwrnod hir, blinedig, a digwyddai hyn bob Sul, gŵyl a gwaith. Y mae gennyf doreth o straeon ac atgofion am Drake Hall — rhai digon digri. Er enghraifft, llwyddais i ddatrys un dirgelwch yn ystod fy wythnos gyntaf yno. Roeddwn wedi sylwi yn yr Amwythig bod darnau bychain o stwff du yn yr uwd a gaem bob bore, ac roedd y carchaorion oll yn derbyn hyn yn ddi-gwestiwn. Ond pan euthum i weithio i'r gegin, cefais oleuni ar y dirgelwch yn o sydyn — *cachu llygod*!, ac yn waeth na hynny, yr ysgrifen oedd ar y sachau uwd oedd *'CANADIAN 3rds — PIG MEAL!'* A'r dydd hwnnw y terfynwyd fy awch am uwd carchar am byth!

Cigydd y carchar oedd Taffy Jones. Un dydd galwodd fi ato a dangosodd goes oen i mi. Wedi ei stampio arni yr oedd *'N. ZEALAND 1947'*. Chwarddodd y ddau ohonom wrth ei weld.

'What are you Welsh up to?' crawciodd rhyw hen sgriw.

Dangosodd Taffy Jones y cig iddo.

'Send it to the fucking British Museum,' meddai, *'it stinks enough to be accepted!'*

Gallwn gario ymlaen am dudalennau ond gwell

ymatal, a nodi un neu ddau ddigwyddiad yn unig.

Yr oedd pob carcharor yn derbyn un ymweliad y mis, a gallaf dystio bod y disgwyl am yr ymweliad hwnnw yn llethu dyn ar brydiau. Yn ystod y mis, byddwn yn ceisio cofio'r holl bethau yr oeddwn eisiau eu dweud wrth Irene, ond pan ddôi'r dydd, roedd hi'n anodd dod o hyd i ddim i'w ddweud. Y gwahanu ar ddiwedd ymweliad oedd waethaf. Fe welais ddynion yn wylo'n hidl ar ôl ymweliad ac yn tyngu llw na fyddent byth yn gweld y tu mewn i garchar ar ôl cwblhau eu tymor.

* * *

Bu bennyf ddau neu dri yn gydymaith i mi yn fy nghell. Jonnie B---- oedd un. Roedd o'n un o'r cynion 'caled' hynny y daw dyn ar eu traws mewn carchar. Ond roedd ochr 'feddal' hyd yn oed i Jonnie. Byddai'n cael hunllefau yn feunosol ac yn araf y deuthum i ddeall drwy yr hyn a ddywedai yn ei gwsg, beth oedd yn ei boeni. Roedd yn briod â merch brydferth iawn, ac roedd ganddo ofn yn ei galon na fyddai ei wraig yn fodlon aros iddo gwblhau ei dymor, ac y byddai'n rhedeg i ffwrdd gyda dyn arall. Weithiau byddai'n rhaid i mi godi a rhoi diod o ddŵr iddo gan ei fod yn anymwybodol bron, ac yn crynu i gyd.

Y peth diwethaf a wnâi cyn cysgu oedd estyn calendr oedd wrth ochr ei wely a chroesi'r dydd ymaith. Yna dywedai:

'Dyna ddiwrnod arall i fyny twll tin y barnwr!'

Pan ryddhawyd Jonnie cefais gydymaith newydd. tua deunaw ar hugain oed o Swydd Efrog o'r enw Alec J----. Roeddwn i'n amau o'r dechrau mai plisman ydoedd ac un dydd pan oedd yn sgwrio llawr y gegin gofynnais

90

iddo:

'Pasia'r sebon — copar!'

Edrychodd arnaf yn syn, ac yn y diwedd cyfaddefodd ei fod wedi bod yn blisman, ond ei fod bellach wedi gadael. Gofynnodd i mi beidio â dweud wrth y lleill mai hen blisman ydoedd (gall bywyd plisman fod yn uffern mewn carchar) ac addewais hynny iddo. Cyrhaeddodd y carchar fis ar fy ôl a gadawodd fis cyn i mi gael fy rhyddhau. Yn ystod yr amser y bu gyda mi, gofalais beidio â dweud dim a allai fod o fudd iddo petai wedi ei anfon gan y Sbeshial Bransh.

* * *

Treuliais gyfnod o'm dedfryd yn ysbyty'r carchar. Collais bwysau a chefais ryw afiechyd ar fy nghroen. Oherwydd diawledigrwydd un 'meddyg' cefais wenwyn i'r gwaed a bu'n rhaid i mi orwedd am bum niwrnod. Y mae creithiau rhai o'r clwyfau a ddioddefais yn dal gennyf hyd heddiw.

Diwrnod Rhydd!

Tua diwedd Tachwedd y daeth y llythyr, ac fe'm taflodd oddi ar fy echel am weddill fy nhymor.

Oddi wrth Irene y daeth, yn fy hysbysu fod yr ysbyty wedi penderfynu symud Bethan yn ôl at ei mam i Bwllheli, ar waetha'r ffaith na allai eistedd yn iawn yn ei chot, a'i bod yn analluog ac anabl i wneud unrhyw beth y dylai plentyn o'i hoed hi ei wneuthur.

Gwyddwn mor fregus oedd iechyd Irene beth bynnag, ond roedd derbyn y newyddion yma, a minnau yng ngharchar, yn sicr o effeithio yn o drwm arni.

Euthum i weld y llywodraethwr a chefais ganiatâd i sgrifennu llythyr arbennig adref yn datgan efallai y caniateid dydd o barôl i mi ymweld ag Irene a Bethan.

Ar y 28ain o Dachwedd, 1964, rhoddwyd i mi fy nillad fy hun a chefais fws o'r tu allan i'r carchar hyd at y steshon. Oddi yno cefais drên i Gaer. Roeddwn wedi cael 'pas' teithio gan y llywodraethwr ac ychydig o arian poced.

Roedd Irene wedi teithio gyda char i Gaer ac aethom oddi yno i Heswall. Dywedais wrth Irene yr awn i weld ynglŷn â'r llythyr. Cefais afael ar un o'r prif nyrsys ac eglurodd hithau bod camgymeriad dybryd wedi ei wneud. Ni fuasai'r awdurdodau yn caniatáu i Bethan adael yn ei chyflwr presennol. Ymddiheurodd am yr amryfusedd ac am unrhyw boen a achosodd y llythyr.

Roedd Irene ar bigau'r drain pan ddois yn ôl a chydag ochenaid o ryddhad y derbyniodd y newydd. Cyn dychwelyd i Gaer i ddal y trên, roeddwn yn benderfynol o gael pryd o fwyd — y cyntaf ers misoedd!

Wedi cyrraedd Caer roedd gen i awr neu ddwy yn sbâr cyn i'r trên gychwyn, ac i ladd amser penderfynwyd mynd i siopa at y Dolig. Prynais anrhegion i Irene a'r plant.

Gadael Irene a theithio nôl i garchar oedd un o'r pethau caletaf a gofiaf erioed i mi ei wneud — a'r unig gysur oedd gen i oedd mai naw deg un o ddyddiau oedd i fynd.

Diwrnod trist yw dydd Nadolig yng ngharchar, yn enwedig i ŵr priod a phlant ganddo. Rwy'n cofio ceisio sgrifennu llythyr adref cyn y Nadolig ac yn cael fy llethu gan ysfa i fod yno, gyda nhw am yr un diwrnod hwnnw.

Cefais ddwsinau o gardiau gan bobl o bob cwr o Gymru, a chefais gopi hefyd o erthygl a sgrifennodd Irene i'r *Welsh Nation* o dan y pennawd '*A Message for Christmas*'. Fe'i dyfynnaf yma:

The last and most successful Tryweryn protest action in which Emyr Llew, Owain Williams and John Albert Jones took part must have been a talking point in most Celtic homes, at least in those of the real Welsh people, who do care about their nation, its land, language and culture. And little do we Welsh care what the rest may have twisted this great, unselfish act into! We have heard so many tales; let us this Christmas once again tell the tale as it should be told.

Many people realized what a terrible wrong had been done to the Welsh nation at Tryweryn. But after a few years it seemed to be just another

93

defeat; it had happened before and would happen again. Only this time, a few — these men amongst them — realized they had *no right* to sit back and watch the same old pattern of shame re-emerge in front of their very eyes. Why else should Owain Williams, for one, a married man and a father, have spent so many hours of preparation in the snow of a cold winter, often frozen to the bone? Something deep inside them made them forget the cold and discomfort, enabled them to face the possibility of a long prison sentence, or personal injury, or worst of all perhaps, the disparagement of their own countrymen.

The entire population of the valley had appealed to the conscience of Liverpool. They received a callous and contemptious refusal, and they lacked the means, and perhaps the will, to defend their land. Even apparently sincere opposition of twenty-nine Welsh M.P.'s was in vain. Liverpool was, of course, stronger than a tiny Welsh mountain village; they could dig up the dead and re-bury them, and destroy an old, religious, cultured community. They could take without asking.

Like all those concerned in the ensuing actions, Emyr, John and Owain were bred in ways of honourable, non-conformist, Welsh traditions. These included the belief that stealing is a sin. And when such a barefaced theft was perpetrated against his own nation, a self-respecting young Welshman could do no other than decide to make his protest felt in the strongest possible way. After years of fruitless, shameful protests, the situation surely called for violent action. Theirs was a civilized violence; care was taken to ensure no life should be endangered.

If these men deserved a prison sentence so does Liverpool Corporation. They dispossessed a community of its land *and used explosives upon it*, used it to disfigure and lay waste a valley which had created a shining example of all that is best in the Welsh way of life, and where our language flourished. Indeed a loss which we can ill afford. Is there one law for the English and another for the Welsh? Can we, perhaps, demand that a mile of Liverpudlian be demolished and converted into sheep pasture?

So Owain spends Christmas in a bloody English prison. He cannot play Santa Claus to his children this year. But his wife and children understand that he did it for the love of his country. Let us then, for Wales' sake, put a stop to this torment.

We can sing — then let us shout,
England has not heard us out;
Welsh heroes will come and Welsh heroes have gone,
Let us this Christmas toast Emyr, Owain and John.

Wedi'r Nadolig llithrodd y dyddiau heibio'n gyflym hyd nes gwawriodd bore fy rhyddhau. Chwefror y 28ain, 1964.

Cysgod Tryweryn

Mae hi'n ddiwrnod Nadolig 1964. Mae yna ddeng mis wedi pasio ers fy rhyddhau ac am wyth o'r rheini yr wyf wedi bod yma fy hun. Bron nad oedd methiant fy mhriodas yn anochel. Hunllef fu'r misoedd wedi fy rhyddhau. Hunllef deuluol a phersonol. Mae gennyf o fy mlaen lythyr a arwyddwyd gan *'A Liverpool Doctor'*. Roedd wedi darllen am yr achos ac am drasiedi ein plentyn. Ei frawddeg olaf yw hon . . . *'I wish your baby was dead. She should be better off than having a lunatic like you for a father.'* Nid hwn yw'r unig lythyr o'r math yma i'm cyrraedd . . . ond ta waeth.

Mae Tryweryn o dan ddedfryd, ac ni fydd pobl Cymru yn hir cyn anghofio'r cyfan am y darn hwn o'n hetifeddiaeth a reibwyd gan y Sais. Cymru yw fy ngwlad, hi yw gwlad fy nhadau, ac er ei bod yn ymddangos i mi mai ychydig sy'n fodlon sefyll o ddifrif drosti, yr wyf yn argyhoeddedig fod arnaf ddyled, nid yn unig i Dryweryn, ond i Gymru.

Ond fe ymddengys mai ychydig iawn yw'r pris a delais o'i gymharu â'r dyffryn sydd dan ddedfryd — dedfryd o farwolaeth.